CATALOGUE

DE LIVRES

RARES OU CURIEUX

EN VENTE

AUX PRIX MARQUÉS

PARIS
THÉOPHILE BELIN, LIBRAIRE
29, Quai Voltaire, 29

JANVIER 1901

1. **Abrégé** chronologique des principaux Evenemens qui ont précédé la Constitution Unigenitus, qui y ont donné lieu, ou qui en sont les suites, avec les 101 propositions du P. Quesnel mises en parallelle avec l'Ecriture et la Tradition (par l'abbé Nicolas Le Gros). *Utrecht, Guil. le Fevre*, 1730; pet. in-12, mar. vert jans., tr. dor. (*Rel. anc.*). 15 fr.

Petit livre janséniste très rare et très recherché.

2. **Abrégé** chronologique de l'histoire de Lorraine contenant les principaux événemens de cette histoire (par Henriquez). *Paris, Guillot*, 1787; 2 vol. pet. in-8, demi-rel. chagr. bleu. 10 fr.

3. **Académie française**. Eaux-fortes par Robert Kastor. *Paris, Quantin, s. d.* (1894); pet. in-fol. *en feuilles*. 10 fr.

40 portraits à l'eau-forte représentant les titulaires des 40 fauteuils depuis Ernest Legouvé jusqu'à Ferdinand Brunetière.

4. **Adieux** (Les) du duc de Bourgogne et de l'abbé de Fenélon, son précepteur; ou dialogues sur différentes sortes de gouvernemens (par Dieudonné Thiébault). *Stockholm et Paris, Prault*, 1788; in-8, veau fauve, dos orné, fil., tr. dor. 10 fr.

5. **Admiranda** rerum admirabilium eucomia, sive diserta et amœna Pallas disserens seria sub ludicra specie. *Noviomagi-Batavorum, typis Reineri Smetii*, 1676; pet. in-12, front. et fig., mar. vert, dos orné, dent., tr. dor. (*Rel. anc.*). 125 fr.

Recueil fort rare et fort curieux, contenant les 8 figures en taille-douce qui ne se trouvent pas dans tous les exemplaires.
Charles Nodier, à qui ce petit volume a appartenu, a inséré, au début du livre, une note ms. dans laquelle il déclare n'avoir jamais rencontré que celui-ci, avec les illustrations et le frontispice.

6. **Aglio** (A.). Sketches of the interior and temporary Decorations in Woolley-Hall, Yorkshire; Drawn, painted and etched by A. Aglio. *London, by the artist*, 1821; in-fol., demi-rel. chagr. rouge. 15 fr.

Portrait et 20 planches lithographiées.

7. **Aguesseau** (le Chancelier d'). Œuvres complètes. *Paris, Fantin*, 1819; 16 vol. in-8, demi-rel. veau fauve (*Brigandat*). 30 fr.

Portrait gravé par *Dien* d'après *Tournière*.

8. **Aiguillon** (Affaire du duc d') et du Parlement de Bretagne. *Paris et Rennes*, 1770; 12 pièces en 2 vol. in-4, veau. 20 fr.

Mémoires à consulter du duc d'Aiguillon; Consultation pour de la Chalotais et de Caradeuc; Arrêts du parlement de Bretagne; Réponse aux mémoires; Réponse des Etats; etc.

9. **Ailly** (Philippe Bourlier, baron d'). Recherches sur la Monnaie romaine depuis son origine jusqu'à la mort d'Auguste. *Lyon, Scheuring*, 1864-1869; 4 vol. in-4, cart., *non rognés*. 40 fr.

113 planches finement gravées au burin.

10. **Alciati** (Andreæ) jurisconsulti clarissimi Emblemata. *Lugduni, apud Mathiam Bonhomme*, 1548; in-4, mar. brun, fil. et dent. à froid, milieux dorés, tr. dor. (*Lortic*). 120 fr.

Texte encadré et 128 figures gravées sur bois.

11. **Alexandre** (Arsène). Jean Carriès, imagier et potier. Etude d'une œuvre et d'une vie. *Paris, May et Motteroz*, 1895; in-4, demi-rel. veau fauve, dos orné, tête jaspée, *non rogné*. 12 fr.

Héliogravures et reproductions typiques des diverses œuvres de l'auteur.

12. **Alexandre** (Arsène). Honoré Daumier. L'homme et l'œuvre. *Paris, H. Laurens*, 1888; gr. in-8, demi-rel. dos et coins de chagr. rouge, tête dor., *non rogné*. 15 fr.

Portrait à l'eau-forte, 2 héliogravures et 47 illustrations. — Premier plat de la couverture conservée.

13. **Alberti** (Gli) di Firenze genealogia storia e documenti. In Firenze, 1869; 2 vol. in-4, demi-chag. bleu avec coins, tête dor., non rog., dos orné. 30 [illegible]

Planches hors texte sur Chine [illegible] 13 planches d'armoiries.

14. **Almanach** lyrique des spectacles ou choix de nouvelles ariettes. *A Paris, chez Janet, s. d.* (1807); in-24, fig., mar. vert, dent. (*Rel. anc.*). 35 fr.

Titre et 6 figures.

15. **Almanach.** La nouvelle Héloïse ou tributs de l'amour et de l'ami-

tié, secrétaire galant, étrennes chantantes au beau sexe. *Paris, chez Desnos, s. d.* (1789) ; in-24, fig., mar. rouge, dos orné, fil., tr. dor. (*Rel. anc.*). 100 fr.

Frontispice, titre et 10 figures gravés. Intéressant pour les costumes.

16. **Almanach royal**, année 1762. *Paris, chez Le Breton*, 1762 ; in-8, mar. rouge, dos orné, comp. sur les plats, gardes en papier doré avec fleurs, tr. dor. (*Rel. anc.*). 150 fr.

Ex-libris de Millet de Chevers. Reliure fraîche.

17. **Almanach royal**, année 1770. *A Paris, chez Le Breton* ; in-8, mar. rouge, dos fleurdel., comp. sur les plats, tr. dor. (*Rel. anc.*). 300 fr.

Exemplaire aux armes de MILLET DE CHEVERS avec son ex-libris à l'intérieur. Reliure très fraîche.

18. **Amour** (L') en fureur, ou les excès de la jalousie italienne. *La Haye, Jacques Brunel*, 1742 ; pet. in-12, veau. 15 fr.

On a relié à la suite : Réponses spirituelles de plusieurs grands hommes. *Cologne, P. Marteau*, 1733. — Pigmalion, ou la statue animée (Par Boureau-Deslandes). *Londres, Harding* (*Paris*), 1744. Cet ouvrage a été condamné au feu.

19. **Amours** (les) de Messaline, cy-devant reine de l'isle d'Albion. Où sont découverts les secrets de l'imposture du prince de Galles, de la Ligue avec la France et d'autres intrigues de la cour d'Angleterre, depuis ces quatre dernières années, par une personne de qualité, confidente de Messaline. Traduit de l'anglois (par Gregorio Leti). *A Cologne, P. Marteau*, 1689 ; pet. in-12, mar. rouge, fil. à froid, milieux, tr. dor. (*Lortic*). 40 fr.

ÉDITION ORIGINALE de ce violent pamphlet contre Eléonore d'Este, reine d'Angleterre, femme de Jacques II, réfugiée à Saint-Germain. L'auteur que l'on a supposé être Gregorio Leti, se dit une personne de qualité, confidente de cette reine.

20. **Ananga-Ranga.** Traité Hindou de l'amour conjugal, rédigé en sanscrit par l'archi-poète Kalyana Malla (XVIe siècle), traduit sur la première version anglaise (Cosmopoli, 1885), par Isidore Liseux. *Paris, Liseux*, 1886 ; in-8, br. 25 fr.

PAPIER DE HOLLANDE, tiré à 300 exemplaires numérotés.

Cet ouvrage ne fait pas double emploi avec les *Kama Sutra* de Vatsyayana, publiés en 1885. Composé au XVIe siècle ou peut-être au XVe siècle, par conséquent beaucoup plus moderne, puisque les *Kama Sutra* remontent au Ve siècle, il nous fait voir les mœurs et la civilisation des Hindous sous un jour assez différent. C'est un document précieux qui vient s'ajouter aux traités érotologiques de Forbert, de Vatsyayana et du cheikh Nefzaoui.

21. **Anecdotes.** *Paris, Vincent*, 1768-1776 ; 18 vol. pet. in-8, veau, dos orné (*Rel. anc.*). 50 fr.

Anecdotes françoises, par Guill. Bertoux, 3 vol. — Anecdotes italiennes, par Fr. de la Croix, 1 vol. — Anecdotes angloises, par Fr. de la Croix, 1 vol. — Anecdotes du Nord, par de la Place, La Croix et Hornot, 1 vol. — Anecdotes des Républiques, par de la Croix, 2 vol. — Anecdotes Arabes, par de la Croix et Hornot, 1 vol. — Anecdotes ecclésiastiques par Jaubert et Dinouart, 2 vol. — Anecdotes espagnoles et portugaises, par Bertoux, 2 vol. — Anecdotes orientales, par Mentelle, 2 vol. — Anecdotes chinoises, par Castillon, 1 vol. — Anecdotes africaines, par Dubois-Fontanelle, 1 vol. — Anecdotes américaines, par Hornot, 1776.

22. **Angelo.** A treatise of the utility and advantages of fencing, illustrated by forty-seven engravings, to which is added a dissertation on the use of the broad sword (with 6 descriptive plates). Memoirs of the late Mr Angelo ; and a biographical sketch of chevalier St-George, with his portrait. *London, Angelo*, 1817 ; in-fol. obl., demi-rel. 200 fr.

Édition recherchée : elle contient 6 nouvelles planches dessinées par *Rowlandson* et un joli portrait du chevalier de Saint-George, gravé à la manière noire.

23. **Annales** de la Société académique de Nantes et du département de la Loire inférieure. *Nantes, Mellinet*, 1830-1865 ; 36 vol. in-8, br. et en livraisons. 80 fr.

24. **Anthologie** des Poètes bretons du XVIIe siècle, par Stéphane Halgan, le comte de Saint-Jean, Olivier de Gourcuff et René Kerviler. *Nantes, Société des bibliophiles bretons*, 1884 ; in-4, br. 9 fr.

Exemplaire sur GRAND PAPIER VERGÉ. Portrait de René Le Pays en héliogravure et fac-simile de lettre.

25. **Anthologie** des Poètes latins avec la traduction en français par Eugène Fallex. *Paris, Alphonse Lemerre*, 1878 ; 2 vol. pet. in-12, br. 7 fr.

L'un des 25 exemplaires tirés sur PAPIER DE CHINE.

26. **Anthologie** françoise, ou chansons choisies depuis le 13e siècle jusqu'à présent. *S. l.* (*Paris*), 1765; 3 vol. in-8, br. 40 fr.

Ouvrage édité par *Monnet* illustré d'un portrait dessiné par *Cochin* gravé par *Saint-Aubin* et de 3 frontispices par *Gravelot* gravés par *Lemire*. Toutes les chansons de ce recueil sont accompagnées de leur musique notée.

27. **Apologie catholique** contre les libelles, déclarations, advis, et consultations faictes, escrites, & publiées par les liguez perturbateurs du repos du Royaume de France : qui se sont eslevez depuis le décès de feu Monseigneur, frère unique du roy. Par E. D. L. J. C. *S. l.* 1585 ; in-8, mar. bleu, tr. dor. (*Trautz-Bauzonnet*). 75 fr.

Ouvrage attribué à Pierre de Belloy, quoique les initiales qui se lisent sur le titre semble désigner Edmond de l'Alouette, jurisconsulte.

— Le même. *S. l.*, 1585 ; in-8, veau. 20 fr.

28. **Apologie** des Dames appuyée sur l'histoire par M. de *** (Mme Galien, de Chateau-Thierry). *Paris, Didot*, 1737 ; in-12, veau, dos orné (*Rel. anc.*). 8 fr.

29. **Aquarellistes français**. Ouvrage d'art publié avec le concours artistique de tous les sociétaires, texte par les principaux critiques d'art. Illustré de photogravures, tirées en couleurs, dans le texte et hors texte, dessins à la plume. *Paris, Launette*, 1883 ; 2 vol. en 8 fascicules in-fol. dans des cartons illustrés. — **Grands peintres français et étrangers,** ouvrage d'art, publié avec le concours artistique des maîtres, texte par les principaux critiques d'art. Illustré de photogravures, tirées en couleurs dans le texte et hors texte, nombreux dessins. *Paris, Launette*, 1884 ; 2 vol. en 8 fascicules in-fol. dans des cartons illustrés. 600 fr.

L'un des 85 exemplaires tirés sur PAPIER DU JAPON.

30. **Archives** de Bretagne. Recueil d'actes, de chroniques et de documents historiques rares ou inédits publié par la Société des bibliophiles bretons. *Nantes, Société des bibliophiles bretons*, 1883-1895 ; 6 vol. in-4, br. 50 fr.

Tome Ier. Privilèges de la ville de Nantes. — Tome III. Le Mystère de Ste Barbe. — Tome IV. Lettres et Mandements de Jean V. — Tomes VI, VII et VIII. Lettres et Mandements de Jean V. (Les tomes 2 et 5 manquent).

31. **Argentré** (Bertrand d'). L'Histoire de Bretaigne, des roys, ducs, comtes et princes d'icelle ; l'establissement du royaume, mutation de ce tiltre en duché, continué jusques au temps de Madame Anne derniere duchesse. *Paris, Jacques du Puys*, 1588 ; in-fol. de 28 et 832 ff., veau brun, tr. jaspée (*Rel. anc.*). 60 fr.

Bel exemplaire de cet excellent ouvrage.

32. **Argenville** (Dezallier d'). Abrégé de la vie des plus fameux peintres avec leurs portraits, et la manière de connoître les desseins des grands maîtres. *Paris, De Bure*, 1745, 2 vol. — Supplément à l'abrégé, etc. *Paris, De Bure*, 1752. — Ens. 3 vol. in-4, fig., veau, 3 fil., dos ornés, dent. int., tr. dor. (*Anc. rel.*). 100 fr.

Exemplaire très bien relié, orné d'un frontispice par *Latouche*, 3 vignettes de *Pierre* et de *De Sève*. un cul-de-lampe de *Choffard* et 254 portraits ou encadrements de portraits.

33. **Ariaga** (Bonaventure). Almanach historique et prophétique pour l'année 1722, où l'on verra ce qui doit arriver d'heureux ou de malheureux dans le courant de cette année à la personne pour qui il est composé, supputé et calculé sur le méridien des influences tendres. *S. l. n. d.* (1722) ; in-8 de 56 pp., mar. brun, dent., doublé de mar. rouge, dent., tr. dor. (*Rel. anc.*). 40 fr.

Manuscrit sur papier fort bien calligraphié et exécuté au commencement du XVIIIe siècle. Il renferme nombre de prophéties amoureuses, et a été illustré avec les planches sur cuivre de l'*Amour divin*.

34. **Arias Montanus**. Antiquitatum Judaicarum libri IX. In quis, præter Judææ, Hierosolymorum, et templi Salomonis accuratam delineationem, præcipui sacri ac profani gentis ritus describuntur. *Lugduni Batavorum, ex off. Plantiniana, apud Franciscum Raphe-*

lengium, 1693 ; in-4, veau brun, dos orné, fil. 40 fr.

Livre rare, orné de 17 planches gravées en taille-douce.

35. **Arioste.** Roland furieux. Traduction nouvelle, par Francisque Reynard. *Paris, Alphonse Lemerre,* 1880 ; 4 vol. in-12, portr., br. 40 fr.

L'un des 40 exemplaires sur PAPIER WHATMAN (n° 1).

36. **Arnauld d'Andilly.** Mémoires de messire Robert Arnauld d'Andilly, escrits par lui-même (jusqu'en 1656 et publiés par l'abbé Goujet). *Hambourg, Vanden-Hoeck (Paris)*, 1734 ; 2 parties en 1 vol. in-8, mar. rouge, tr. dor. (*Trautz-Bauzonnet*, 1879). 120 fr.

Très bel exemplaire.

37. **Art** (L'). Revue bi-mensuelle illustrée. *Paris, Rouam.* De 1875 à 1878, 8 vol. in-fol., demi-rel. dos et coins de mar. vert, tête dor., *non rogné*, rel. neuve. — 1879 et 1880, 8 vol. br.; — du 2e semestre 1886 à fin 1889, 8 vol. br. et en livraisons. 450 fr.

38. **L'Art pour tous.** Encyclopédie de l'art industriel et décoratif. *Paris, Morel,* 1861-1894 ; 33 vol. pet. in-fol., cart. 300 fr.

Belle publication renfermant de nombreux spécimens des arts graphiques de toutes les époques. — Bel exemplaire d'une conservation parfaite.

39. **Art** (L') de vérifier les Dates des faits historiques, des chartes, des chroniques et autres monumens, depuis la naissance de Notre-Seigneur (par Doms d'Antine, Clémencet, Durand et Clément). Troisième édition. *Paris, Jombert,* 1783-1787 ; 3 vol. in-fol., veau granit, dos orné, fil. (*Rel. anc.*). 180 fr.

Bel exemplaire de cette édition estimée.

40. **Armengaud.** Les Galeries publiques de l'Europe. Rome-Italie. *Paris, J. Claye et Ch. Lahure,* 1856-1862 ; 2 vol. gr. in-4, mar. bleu, dos orné, fil., tête dor., *non rognés*, fermoirs. 180 fr.

Exemplaire sur PAPIER DE CHINE. Nombreuses figures et portraits dans le texte.

41. **Armengaud.** Les Galeries publiques de l'Europe. Italie. *Paris, impr. Lahure,* 1862; gr. in-4, mar. rouge, dos orné, fil., tr. dor. (*Bertrand*). 100 fr.

Exemplaire sur PAPIER DE CHINE. Nombreuses figures et portraits dans le texte.

42. **Arnauld et Nicole.** La Logique ou l'art de penser : contenant, outre les règles communes, plusieurs observations nouvelles propres à former le jugement (par Ant. Arnauld et P. Nicole). Troisième édition revue et augmentée. *Paris, Ch. Savreux,* 1668 ; in-12, veau brun. 15 fr.

Bon exemplaire de la Logique de Port-Royal.

43. **Artistes contemporains** (Les). *Paris,* 1846-1856 ; 2 vol. petit in-fol., cart. *non rognés.* 80 fr.

Recueil de 190 planches sur Chine : paysages, sujets de genre, lithographiés par *J. Laurens, Anastasi, Français, Le Roux, Soulange-Tessier, Nanteuil, Bellel,* etc., d'après *Th. et Ph. Rousseau, Français, Nanteuil, Diaz, Cabat, Descamps, Delacroix, Dupré, Rosa Bonheur, Tournemine, Marilhat, Gavarni* et autres.

44. **Audebert.** Histoire naturelle des singes et des makis. *Paris, Desrais* (1800) ; gr. in-fol., demi-rel. basane, *non rogné.* 100 fr.

Bel exemplaire sur PAPIER VÉLIN, orné de 63 planches coloriées.

45. **Aubignac** (Abbé d'). Macarise, ou la Reine des Isles fortunées, histoire allégorique contenant la philosophie morale des stoïques sous le voile de plusieurs aventures agréables en forme de roman, par François Hedelin, abbé d'Aubignac. *A Paris, chez Jacques Dubreuil et P. Collet,* 1664 ; 2 vol. in-8, mar. rouge, dos orné, double comp. de fil., tr. dor. (*Chambolle-Duru*). 60 fr.

Portrait et frontispices gravés.
Bel exemplaire de ce roman, dont la fin n'a jamais été imprimée.

46. **Aubigné** (Agrippa d'). Œuvres complètes de Théodore Agrippa d'Aubigné, publiées pour la première fois d'après les mss. originaux, par MM. Eugène Réaume et de Caussade. *Paris, Alph. Lemerre,* 1873-1877 ; 4 vol. in-8, br. 25 fr.

Publié à 40 francs.

47. **Audsley** et **L. Bowes.** La Céramique Japonaise, édition fran-

çaise publiée sous la direction de M. A. Racinet. *Paris, Didot*, 1880; 2 vol. in-fol., demi-rel. dos et coins de mar. rouge, dos orné, tête dor., *non rognés*. 150 fr.

55 planches en couleurs.

48. **Augustin** (Saint). Les Confessions. Traduction nouvelle avec introduction par Edmond Saint-Raymond. *Paris, G. Hurtrel, s. d.* (1883); in-8, br. dans un carton. 25 fr.

Huit eaux-fortes composées et gravées par *Adolphe Lalauze*.

49. **Aurificius** (Gregorius). De Nuptiis magni ducis Hetruriæ et Bianchæ Cappellæ Gregorii Aurificis, artium liberalium doct. Carmen. *Bononiæ, apud Joannem Rossium*, 1580; in-4 de 8 ff., mar. citron, dos orné, fil., tr. dor. (*Lardière*). 25 fr.

Très rare poème en l'honneur du mariage du duc François de Médicis et de la célèbre Bianca Capello. Impression en caractères italiques.

50. **Auton**. Chronique de Jean d'Auton, publiée pour la première fois en entier, d'après les mss. de la bibliothèque du roi, avec une notice et des notes par Paul L. Jacob. *Paris, Silvestre*, 1834-1835; 4 vol. in-8, demi-rel. dos et coins de mar. rouge, dos orné, tête dor., *non rognés* (*Belz-Niedrée*). 40 fr.

Bel exemplaire.

51. **Azeglio**. La Reale Galleria di Torino. Illustrata da Roberto d'Azeglio. *Torino, Bassadona*, 1836-1844; 4 vol. in-fol., dos et coins de demi-rel. mar. chagrin vert, tête dor., *non rognés*. 400 fr.

Très bel exemplaire sur PAPIER VÉLIN, contenant 165 planches AVANT LA LETTRE.

52. **Bacon** (Pierre). Recherches sur les origines celtiques, principalement sur celles du Bugey, considéré comme berceau du delta celtique. *Paris, A. Bertrand*, 1808; 2 vol. in-8, br. 12 fr.

Portrait et figures en taille-douce.

53. **Bade** (Josse). La Grand Nef des Folles. Composée suyvant les cinq sens de nature, selon l'evangile de monseigneur S. Matthieu, des cinq vierges qui ne prindrent point d'huylle avec elles pour mettre en leurs lampes. *Lyon, Jean d'Ogerolles*, 1583; pet. in-4, veau fauve, dos orné (*Rel. anc.*). 125 fr.

Curieuses figures sur bois. Cette édition renferme quelques exhortations qui ne se trouvent pas dans les précédentes.

54. **Bagetti**. Vues des champs de bataille en Italie, années 1796 à 1800. *Paris*, 1815; in-fol. oblong, demi-rel. chagr., pl. toile. 50 fr.

67 planches montées sur onglets.

55. **Bailly** (Nicolas). Inventaire des Tableaux du Roy, rédigé en 1709 et 1710, par Nicolas Bailly. Publié pour la première fois, avec des additions et des notes, par Fernand Engerand. *Paris, Ernest Leroux*, 1899; gr. in-8, br. 10 fr.

56. **Bal costumé**. Souvenir of the bal costumé, given by queen Victoria at Buckingham Palace, may 12, 1843, the drawings from the original dresses by Coke Smyth; the descriptive letter press by J. R. Planché. *London*, 1843; in-fol., demi-rel. chagrin rouge. 120 fr.

52 planches exécutées en or et en couleurs.

57. **Bals** de l'Opéra. Costumes du quadrille historique. *Paris, Rittner et Goupil, s. d.* (*vers* 1840); in-fol., cart. 100 fr.

Frontispice et 17 belles planches coloriées de costumes, lithographiées d'après les dessins de *H. Dupont, E. Delacroix, Boulanger, Saint-Èvres, Robert-Fleury, T. Johannot, Devéria, Lami*, etc., et contenus dans de jolis encadrements composés par *Chenavard*.

58. **Balzac** (Honoré de). Histoire de la grandeur et de la décadence de César Birotteau, parfumeur. Nouvelle scène de la vie parisienne. *Paris, chez l'éditeur*, 1838; 2 vol. in-8, cart., *non rognés*. 30 fr.

ÉDITION ORIGINALE. Quelques taches.

59. **Bandello**. Histoires tragiques extraites des œuvres italiennes de Bandel et mises en notre langue par Pierre Boaistuau, surnommé Launay, natif de Bretagne. *Paris, G. Robinot*, 1559; pet. in-8, mar. vert, dos orné, fil., tr. dor. (*Biziaux*). 180 fr.

PREMIÈRE ÉDITION comprenant six nouvelles; elle est rare. Le dernier feuillet non chiffré contient une pièce de poésie composée en l'honneur du seigneur de Launay, breton, par François de Belleforest.

Cet exemplaire, bien conservé et très

grand de marges (165 mill.) provient de la bibliothèque réservée de RENOUARD. La reliure porte l'étiquette de Biziaux.

60. **Banville** (Théodore de). Les Exilés. *Paris, Alphonse Lemerre,* 1867 ; in-12, portr., br. 20 fr.

L'un des dix exemplaires sur PAPIER DE CHINE, de L'ÉDITION ORIGINALE.

61. **Bapst** (Germain). Inventaire de Marie-Josèphe de Saxe, Dauphine de France. *Paris, impr. Lahure,* 1883 ; pet. in-4, papier de Holl. br., couv. 15 fr.

62. **Barante.** Histoire des ducs de Bourgogne de la maison de Valois, 1364-1477, par M. de Barante. *Paris, Delloye,* 1839; 12 vol. in-8, fig., demi-rel. chagr. rouge. 35 fr.

Exemplaire avec les figures sur *Chine.*

63. **Barron** (Louis). Paris Pittoresque (1800-1900). La Vie — Les Mœurs — Les Plaisirs. *Paris, L. Henry May ;* in-4, rel. toile avec dessins spéciaux de l'éditeur. 20 fr.

Superbe ouvrage orné de 500 reproductions d'estampes et de 20 gravures hors texte tirées en couleurs.

64. **Barthélemy.** Mémoires historiques et diplomatiques de Barthélemy (membre du Directoire) depuis le 14 juillet jusqu'au 30 prairial an 7. *S. l. n. d.* (*Paris*, 1799); in-8, portr., br. 4 fr.

D'après Quérard, ces mémoires sont dus à Soulavie, qui les fit annoncer comme le propre ouvrage de Barthélemy et comme venant de Sinamary, où l'ex-directeur avait été déporté.

65. **Bartoli.** Le Antiche lucerne scpolerali figurate, raccolte dalle cave sotteranee, e grotte di Roma. Disegnate, ed intagliate nelle loro forme da Pietro Santi Bartholi, con l'osservationi di Gio. Pietro Bellori. *Roma, G. F. Buagni,* 1691 ; in-fol., pl., mar. rouge, dos orné, double rangée de fil., tr. dor. (*Rel. anc.*). 200 fr.

Cet ouvrage, divisé en trois parties, comprend : 37 pl. pour la 1re partie, 46 pour la 2e et 33 pour la 3e, plus les 5 pl. supplémentaires qui ne se trouvent pas toujours dans tous les exemplaires de cette première édition. Ensemble 121 planches gravées en taille-douce.

Bel exemplaire aux armes de COLBERT DE VILLACERF.

66. **Bayle.** Dictionnaire historique et critique de Pierre Bayle. Nouvelle édition. *Paris, Desoer,* 1820 ; 16 vol. in-8, demi-rel. veau fauve, dos orné, *non rognés.* 120 fr.

Cette édition a été augmentée de notes extraites de Chaufpié, Joly, La Monnoye, Le Duchat, Leclerc, Prosper Marchand et autres.

67. **Bazire** (Edmond). Manet. Illustrations d'après les originaux et gravures de Guérard. *Paris, A. Quantin,* 1884 ; in-8, demi-rel. dos et coins de chagr. vert, tête dor., *non rogné.* 10 fr.

L'un des 50 exemplaires sur PAPIER DU JAPON.

68. **Beauchamps.** Recherches sur les théâtres de France, depuis l'année 1160 jusqu'à présent, par M. (P.-F. Godard) de Beauchamps. *Paris, Prault,* 1735 ; 3 vol. pet. in-8, mar. vert, dos orné, fil., tr. dor. (*Rel. anc.*) 150 fr.

Bel exemplaire aux armes de Béatrice de CHOISEUL, duchesse de GRAMMONT.

69. **Beaulieu.** Les plans et profils des principales villes et lieux considérables des principautés, duchés et comtés de Catalogne (Roussillon, Alost, Brabant, Cambray, Haynault, Namur, Limbourg, Lorraine et Bar, Artois et Flandre), avec la carte générale et les particulières de chaque gouvernement, par le sieur de Beaulieu. *Paris, chez l'auteur, s. d.* (*vers* 1700) ; 4 vol. in-4 obl., veau (*Rel. anc.*). 200 fr.

Ces 4 volumes renferment ensemble plus de 480 vues et plans de villes et places fortes conquises par Louis XIV, ou ayant été le théâtre de sièges ou combats ayant eu lieu sous ce Roi.

Cet ouvrage est encore connu sous le titre : *Les Glorieuses conquêtes de Louis le Grand*; ces mots se lisent au frontispice d'une des parties du recueil.

70. **Beaumarchais.** La Folle Journée, ou le Mariage de Figaro, comédie en cinq actes en prose. Représentée le mardi 27 avril 1784. *De l'impr. de la société littéraire typographique, et Paris, Ruault,* 1785 ; in-8, fig., demi-rel. mar. rouge, dos orné. 80 fr.

ÉDITION ORIGINALE ornée de cinq figures de Saint-Quentin, gravées par *Malapeau* et *Roi.*

71. **Béraldi.** L'Œuvre de Moreau le Jeune. Notice et catalogue par Henri Draibel. Portrait gravé d'après Cochin. *Paris, Rouquette,* 1874 ; pet. in-8, br. 7 fr.

72. **Bergerat** (Emile). Enguerrande, poème dramatique, précédé d'une préface par Théodore de Banville. *Paris, Frinzine*, 1884 ; in-4, br. 20 fr.

Exemplaire sur PAPIER WATHMAN. Portrait de l'auteur gravé à l'eau-forte par *Henri Lefort* et 2 compositions du statuaire *Auguste Rodin*.

73. **Bergerat** (Emile). Enguerrande. Poème dramatique, précédé d'une préface par Théodore de Banville. Avec un portrait de l'auteur, gravé à l'eau-forte par H. Lefort, et deux compositions du statuaire Auguste Rodin. *Paris, Frinzine*, 1884 ; in-4, demi-rel. chagrin rouge, *non rogné*. 12 fr.

Envoi d'auteur.

74. **Bernard** (P.-J.). Œuvres, ornées de gravures d'après les dessins de Prud'hon, la dernière estampe gravée par lui même. *Paris, P. Didot l'aîné, an V* (1797) ; in-4, demi-rel. dos et coins de mar. rouge, dos orné, fil., tête dor., *non rogné* (*Petit-Simier*). 250 fr.

Très bel exemplaire. Un des 150 tirés sur PAPIER VÉLIN FORT D'ANGOULÊME, avec la suite des figures de *Prud'hon*, en épreuve AVANT LA LETTRE. Les exemplaires sur ce papier sont les seuls qui contiennent les Opéras de l'auteur.

75. **Bernard** (P.-J.). Œuvres de P.-J. Bernard, ornées de gravures d'après les dessins de Prud'hon lui-même. *Paris, impr. de P. Didot l'aîné, an V* (1797) ; gr. in-4, demi-rel. dos et coins de chagr. bleu, tête dor., *non rogné* (*Raparlier*). 40 fr.

Quatre figures de *Prud'hon*, gravées par *Prud'hon, Beisson* et *Copia*.

76. **Bernier** de la Brousse. Œuvres poétiques. *Poictiers, Julien Thoreau*, 1617 ; in-12, titre gr., mar. rouge jans., doublé de mar. orange, dent. de feuillages, dorure à petits fers, gardes de tabis, tr. dor. (*Lortic*). 400 fr.

Très bel exemplaire recouvert d'une jolie reliure doublée.

77. **Billard** (Claude). Vers funèbres françois et latins, sur le vray discours de la mort de Monseigneur le duc de Joyeuse, Pair et Admiral de France, par Claude Billard, Bourbonnois. *Paris, Gilles Reys*, 1587 ; in-4 de 24 pp. mar. rouge, fil., tr. dor. (*Belz-Niedrée*.) 45 fr.

Pièce rare.

78. **Billardon de Sauvigny**. Histoire amoureuse de Pierre le Long et de sa très honorée dame Blanche Bazu. *Londres*, (*Paris*), 1765 ; in-12, front., demi-rel. veau. 5 fr.

ÉDITION ORIGINALE.

79. **Biographie universelle** et portative des Contemporains, ou dictionnaire historique des hommes vivants et des hommes morts depuis 1788 jusqu'à nos jours. Publié sous la direction de MM. Rabbe, Vieilh de Boisjolin et Sainte-Beuve. *Paris*, 1836 ; 5 vol. in-8, br. 25 fr.

Texte en caractères minuscules à 2 colonnes.

80. **Bismarck** (Les Mémoires de) recueillis par Maurice Busch. *Paris, Charpentier et Fasquelle*, 1899 ; 2 vol. in-8, br. 6 fr.

T. I. La guerre de 1870-1871.
T. II. Entretiens et souvenirs.

81. **Blancheton**. Vues pittoresques des châteaux de France, dessinées d'après nature et lithographiées par les principaux artistes de la Capitale. Avec un texte historique et descriptif. *Paris, chez l'auteur*, (1816-1830) ; 2 vol. gr. in-fol., demi-rel. veau bleu, plats toile, dos orné. 150 fr.

Portrait lithographié de l'auteur en 130 planches. Exemplaire en GRAND PAPIER.

82. **Blessebois** (Pierre Corneille). Le Lion d'Angelie, précédé d'une notice sur le style romanesque par Marc de Montifaud. *Bruxelles, A. Lacroix, s. d.*; in-12, br. 4 fr.

PAPIER VERGÉ.

83. **Blondeau** (Nic.) et **Noël** (Franc.). Glossarium eroticum latinum et gallicum. *Paris, Liseux*, 1885 ; in-8, br. 25 fr.

Ce curieux livre, tiré d'un manuscrit inédit composé par Nicolas Blondeau au XVIIe siècle, a été complété et augmenté de notes curieuses par François Noël. De plus, une étude de près de 60 pages sur la langue érotique, par le traducteur de Forberg, donne un nouvel attrait à cet ouvrage.

84. **Blondel** (Spire). L'Art intime (Grammaire de la Curiosité). Illus-

trations de MM. Arents, Bourdin, Fraipont, Humbert, Lenoir, etc. *Paris, Rouveyre et Blond,* 1884; in-4, br. 18 fr.

85. **Boccace**. Les neuf livres de Jehan Boccace , des cas des nobles hommes et femmes ; in-4, ais de bois recouvert de veau estampé. (*Rel. anc.*). 350 fr.

Rare et curieux manuscrit du XVe siècle, écrit sur papier et composé de 576 ff.

Il renferme la traduction intégrale des neuf livres de Boccace « des Nobles malheureux » par Laurent de Premierfait (de Troyes). Les 13 premiers ff. sont consacrés à la table générale de l'ouvrage, les 8 suivants aux deux « Prologues » et le reste aux neuf livres.

Il se termine au recto du dernier feuillet par cette mention : *Cy fine le livre de Jehan Boccace des nobles malheureux hommes et femmes ; translaté de latin en francoys par Laurens du premier fait, clerc du dyocèse de Troyes. Et fut finee cette translation l'an mil iiiic et ix (1409), le lundi apres pasques closes.* »

Le f. 14 (1er du Prologue) manque et le début et la fin de ce ms. sont atteints par de légères piqûres de vers. La reliure est fatiguée.

86. **Boccace**. Complainte trespiteuse de Flammette à son amy Pamphyle, Translatée d'italien en vulgaire françois. (A la fin :) *Nouvellement imprimée à Paris, par Anthoine Bonnemere pour Jehan Longis,* 1532 ; pet. in-8 de 95 ff., mar. rouge jans., doublé de mar. citron, dent., dor. (*Thibaron-Joly.*) 225 fr.

Bel exemplaire d'une très rare édition imprimée en lettres rondes.

87. **Boccace.** Le Décaméron de Jean Boccace. Traduit d'italien en françoys par maistre Antoine le Maçon. Avec notice, notes et glossaires par Frédéric Dillaye. *Paris, Alphonse Lemerre,* 1882-1884 ; 5 vol. in-12, portr., br. 45 fr.

L'un des 50 exemplaires sur PAPIER WHATMAN (n° 1).

88. **Boccace**. Le Décaméron. Illustrations de Jacques Wagrez. Traduction et notes de Francisque Reynard. *Paris, G. Boudet,* 1890 ; 3 vol. in-4, mar. vert clair, dos orné mosaïque, 3 fil. sur les plats avec branches de feuillages et fleurs en mosaïque de mar. vert foncé et citron aux angles, doubl. et gardes de soie brochée, tr. dor. sur fausses marges, couv. conservée, étuis (*Canape*). 1200 fr.

Un des 25 exemplaires numérotés sur PAPIER DU JAPON, contenant :

1° Les eaux-fortes hors texte en trois états : eau-forte pure, avant la lettre avec remarque et avec la lettre.

2° Un tirage à part en bistre sur papier du Japon, de toutes les gravures du texte.

3° Une jolie COMPOSITION ORIGINALE de *Jacques Wagrez,* à l'aquarelle, sur le faux-titre.

89. **Boileau-Despréaux.** Œuvres diverses du sieur D*** (Despréaux), avec le Traité du sublime ou du merveilleux dans le discours, traduit du grec de Longin. *Paris, Denys Thierry,* 1674 ; in-4, front. et fig.; mar. rouge, dos orné, fil., tr. dor. (*Trautz-Bauzonnet*). 160 fr.

PREMIÈRE ÉDITION sous le titre d'Œuvres : l'*Art poétique* et le *Lutrin* (IV chants) paraissent ici pour la première fois.

Bel exemplaire avec les figures de *Chauveau.*

90. **Boileau**. Œuvres diverses du sieur D. avec le Traité du Sublime ou du merveilleux dans le discours, traduit du grec de Longin. *Paris, Claude Barbin,* 1694 ; 2 vol. in-12, front., et fig., veau fauve, dos orné, fil., tr. dor. (*Allô.*). 30 fr.

Edition contenant l'*Ode sur la prise de Namur* et la *Satire sur les femmes.*

Bel exemplaire.

91. **Boileau**. Les Œuvres de Boileau-Despréaux, avec des éclaircissemens historiques (tirés de Brossette par J.-B. Souchay). *Paris, veuve Alix,* 1740 ; 2 vol. in-4, fig., veau marbr., dos orné, fil., tr. dor. (*Rel. anc.*). 60 fr.

Belle édition renfermant un portrait par *Rigaud,* un fleuron, 7 vignettes en-tête par *Tremolières,* 38 culs-de-lampe et 6 lettres ornées, plus un fleuron en tête de la préface.

Cet exemplaire contient les 6 figures de *Cochin,* illustrant le Lutrin.

92. **Bossuet** (J.-B.). Seconde Instruction sur les passages particuliers de la version du Nouveau Testament imprimée à Trevoux en l'année 1702. *Paris, Anisson,* 1703 ; in-12, veau. 10 fr.

ÉDITION ORIGINALE.

93. **Bouchard** (Alain). Les Croniques Annalles des pays d'Angleterre et Bretaigne, contenant les faictz et gestes des roys et princes qui ont regné audit pays, et choses dignes de memoire advenues durant leurs regnes puis Brutus jus-

ques au trepas du feu duc de Bretaigne Françoys second du nom dernier decedé. Augmentées et continuées jusques en l'an 1531. *Paris, Galiot du Pré*, 1531 ; in-fol. goth., peau de mouton. 150 fr.

Très rare édition, imprimée par Antoine Cousteau pour Galiot du Pré. Elle comprend 10 ff. lim. et 233 ff. de texte, avec figures sur bois et fut achevée le 11 septembre 1531.

Exemplaire dans son état primitif ayant une reliure à remplacer et la plupart de ses feuillets mouillés.

94. **Bouchet** (Guill.). Premier (second et troisiesme) livre des Serees de Guillaume Bouchet, sieur de Brocourt. Reveu et augmenté par l'autheur en ceste dernière édition, presque de moitié. *Paris, Jérémie Perier*, 1608 ; 3 vol. in-12, mar. bleu, fil., dos orné, tr. dor. (*Trautz-Bauzonnet*). 300 fr.

Bel exemplaire de cette édition, la première complète, la plus belle et la plus estimée de *Serées*.

95. **Bouchet** (Jean). Sensuit le Labyrinth (*sic*) de Fortune et Sejour des trois nobles dames. Compose par lacteur des Regnards trauersans, et loups rauisans, surnomme le traverseur des voyes perilleuses (Jean Bouchet). *On les vend a Paris en la grant rue saint Jacques.* (A la fin :) *Cy finist le Labyrinth de fortune... Nouvellement imprimé par Philippe le Noir, s. d.* ; in-4 goth., mar. rouge, dos orné, riches comp. de feuillages sur les plats, tr. dor. (*Belz-Niedrée*). 350 fr.

Exemplaire du château de Mello, recouvert d'une riche et belle reliure.

96. **Bougeant** (le P.). Histoire des Guerres et des Négociations qui précédèrent le traité de Vestphalie, composée sur les Mémoires du comte d'Avaux. *Paris, Mariette*, 1727 ; 3 vol. in-4, mar. rougé, dos orné, fil., tr. dor. (*Rel. anc.*). 100 fr.

Bel exemplaire en GRAND PAPIER.

97. **Bouillon**. Musée des antiques, dessiné et gravé avec des explications par J.-B. de Saint-Victor. *Paris, P. Didot*, 1811-1827 ; 3 vol. in-fol., demi-rel. mar. rouge, *non rognés*. 220 fr.

Bel exemplaire en GRAND PAPIER, contenant 280 planches, épreuves AVANT LES NUMÉROS.

98. **Bouquet** (Dom Martin). RECUEIL DES HISTORIENS DES GAULES et de la France, contenant tout ce qui a été fait par les Gaulois et qui s'est passé dans les Gaules avant l'arrivée des François : et plusieurs autres choses qui regardent les François depuis leur origine jusqu'à Clovis. *A Paris, aux dépens des librairies associés*, 1738-1876 ; 23 vol. in-fol. dont 10 en demi-rel. mar. brun, tête dor., *non rognés*, et les 13 autres en veau marbr., dos orné, tr. rouge. 750 fr.

Bel exemplaire d'un ouvrage rarement complet.

Les 13 premiers volumes sont aux armes royales.

99. **Bourdaloue.** Sermons. *Paris, Rigaud*, 1707-1734 ; 16 vol. in-8, 1 portr., mar. vert, fil., dos ornés, dent. int., tr. dor. (*Anc. rel.*). 500 fr.

Bon exemplaire avec l'ex-libris de La Rochefoucauld.

100. **Bourelly** (Général). Les Perles de la Côte d'Azur ; la Rivière du cap Roux au torrent Saint-Louis ; Monaco ; Monte-Carlo ; les routes du littoral et de la Corniche ; Menton et ses environs. *Paris, Renouard*. 1900 ; gr. in-4, cart. toile, tête dor. 15 fr.

101. **Bourget** (Paul). Œuvres de Paul Bourget. *Paris, Alphonse Lemerre*, 1885-1891 ; 4 vol. pet. in-12, portr., br. 35 fr.

Poésies, 2 vol. — L'Irréparable. — Cruelle énigme.

L'un des 25 exemplaires sur PAPIER DE CHINE.

102. **Brancaccio** (Lelio). I. Carichi militari di fra' Lelio Brancaccio. *In Anversa, apresso Joachimo Trognesio*. 1610 ; in-4, mar. vert, dos orné, fil., tr. dor. (*Rel. anc.*). 300 fr.

PREMIÈRE ÉDITION illustrée d'un titre et de 5 belles planches gravées en taille-douce.

Très bel exemplaire aux armes et au chiffre de Jacques-Auguste de THOU et de Gasparde de LA CHASTRE, sa seconde femme.

103. **Bracquemond.** Recueil de 195 pièces gravées de diverses grandeurs en 2 cartons in-fol. 600 fr.

Il est excessivement rare de rencontrer une collection d'aussi belles épreuves : plusieurs n'ont été tirées qu'à un nombre minime d'exemplaires, quelques-unes sont uniques. Presque toutes sont *avant la lettre* et un certain nombre sont en plusieurs états.

A remarquer une suite de planches de

poissons, de volatiles, d'insectes au milieu de fleurs : une jolie lithographie (le Baiser) et un essai d'eau-forte à la plume.

104. **Brongniart** et **Riocreux**. Description méthodique du Musée céramique de la manufacture royale de Sèvres. *Paris, Leleux,* 1845 ; texte et pl. en un vol. in-4, demi-rel. dos et coins de mar. rouge, tête dor., *non rogné* (*Canape*). 150 fr.

80 planches lithographiées par *Julienne* et *Delarue*, et coloriées. Très bel exemplaire d'ancien coloris.

105. **Brossard** (Ch.). La France du Nord. *Paris, E. Flammarion,* 1900 ; pet. in-4, br., couv. 15 fr.

Ouvrage contenant 160 gravures en couleurs et 348 en noir avec 13 cartes départementales.

106. **Bruant** (Aristide). Dans la Rue. Chansons et monologues. Dessins de Steinlen. *Paris, Bruant* (1895) ; in-12, mar. brun, composition en mosaïque sur le premier plat, doublé de mar. vert, fil., tête dor. (*Wiener*). 150 fr.

Exemplaire sur PAPIER DU JAPON avec la couverture illustrée conservée.
Très curieuse reliure exécutée avec un art parfait en 8 tons de mosaïque par le maître relieur nancéen d'après un dessin de Steinlen et ayant pour sujet un couple interlope des boulevards extérieurs.

107. **Brunet** (Gustave). Imprimeurs imaginaires et libraires supposés. Etude bibliographique. *Paris,* 1866 ; in-8, cart., *non rogné*. 10 fr.

108. **Bry** (Auguste). Raffet, sa vie et ses œuvres. *Paris, Dentu,* 1861 ; in-8, br. 12 fr.

2 portraits de Raffet lithographiés, 2 eaux-fortes et 4 fac-similés. — Très rare.

109. **Bulliard.** Herbier de la France ou collection complète des plantes indigènes de ce royaume avec leurs détails anatomiques, leurs propriétés et leurs usages en médecine. *Paris, l'auteur,* 1780 ; 4 vol. in-fol., cart., *non rognés*. 200 fr.

512 planches coloriées sur lesquelles il en manque 75 dans cet exemplaire.

110. **Burty** (Philippe). Paul Huet, notice biographique et critique suivie du catalogue de ses œuvres. *Paris,* 1869 ; in-8, demi-rel. chagrin rouge, tête dor., *non rogné*. 6 fr.

PAPIER VERGÉ. Eau-forte de *Huet*. Envoi d'auteur à Paul Chéron.

111. **Busch.** Supplément aux découvertes d'un bibliophile, ou réponse à l'écrit intitulé : Les découvertes d'un bibliophile réduites à leur juste valeur (par M. Fréd. Busch). *Strasbourg, Silbermann,* 1843 ; in-8, br. 2 fr.

112. **Buvard** du XVIIe siècle ; in-4, en maroquin rouge orné d'une jolie dentelle à petits fers et d'une guirlande de fleurs dans chacun des angles des plats. (*Rel. anc.*). 200 fr.

Haut. : 345 mm. ; larg. 250 mm.

113. **Buvard** romantique ; in-4, en maroquin violet orné de compartiments à froid et dorés, mosaïqués de mar. rouge, vert et citron, avec coins en bronze ciselé et doré. 250 fr.

Très belle pièce. — Haut. : 305 mm. ; larg. 22 mm.

114. **Cabale** (La) ou les oracles des Sibilles, tirez de la science des nombres, des jours, de la lune et des planettes. Manuscrit pet. in-8, mar. rouge, fil., doublé de mar. rouge, large dentelle avec fleurs de lis et lions aux angles, dos orné, tr. dor. (*Anc. rel.*). 600 fr.

Curieux manuscrit sur papier, d'une bonne écriture de la fin du XVIIe siècle, contenant 95 feuillets. Les titres et les capitales sont écrits en rouge et bleu. C'est un traité donnant la règle et la description d'un jeu qui a dû avoir beaucoup de succès à l'époque : il est dédié au duc de Chartres.
La doublure de la reliure est ornée d'une très jolie dorure à petits fers, branchages avec lions et fleurs de lis, et d'un milieu également à petits fers, formant l'écusson que Guigard attribue à MADAME DE MAINTENON.

115. **Cabinet** (le) satyrique, ou recueil parfait des vers piquans et gaillards de ce temps. Tiré des secrets cabinets des sieurs de Sigognes, Regnier, Motin, Berthelot, Maynard et autres des plus signalés poëtes de ce siècle. Dernière édition, reveue, corrigée et de beaucoup augmentée. *S. l.* (*Rouen*), 1667-1672 ; 2 vol. pet. in-12, veau fauve (*Rel. anc.*). 40 fr.

Édition peu commune que l'on présume avoir été imprimée à Rouen.
Haut. : 128 mm.

116. **Calendrier** (Le) de la Cour, tiré des éphémérides. *A Paris, de l'imprimerie de Hérissant,* années 1766, 1769, 1773, 1777 ; 4 vol. in-18 allongé, 2 en mar. rouge et les 2 autres en mar. vert, dent., tr. dor. (*Anc. rel.*). 500 fr.

Petits volumes très frais portant les armoiries de la Duchesse de MAZARIN,

Louise-Jeanne de DURFORT, femme de Louis-Marie Guy, duc d'AUMONT.

Provenance rare. Le fer contient les armes des d'AUMONT, accolées de celles des DURFORT.

117. **Calmet.** Histoire généalogique de la maison du Châtelet, branche puînée de la maison de Lorraine, justifiée par les titres les plus authentiques, par le R. P. dom Calmet. *Nancy, veuve Cusson*, 1741 ; in-fol. mar. rouge, large dent., fil., dos orné, tr. dor. (*Anc. rel.*). 250 fr.

Bel exemplaire aux armes de la maison Du Châtelet.

118. **Cambry.** Monumens celtiques, ou recherches sur le culte des pierres, précédées d'une notice sur les celtes et sur les druides. *Paris, Johanneau (impr. Crapelet)*, 1805 ; in-8, demi-rel. chagr. noir, *non rogné*. 5 fr.

5 planches gravées sur cuivre.

119. **Carol** (Jean). Chez les Hova. (Au Pays Rouge). *Paris, Ollendorff*, 1898 ; in-8, br. 4 fr.

120. **Castellani** (Ch.). Vers le Nil Français avec la mission Marchand. *Paris, Flammarion, s. d.*; in-8, br. 3 fr.

150 illustrations d'après les photographies et les dessins de l'explorateur.

121. **Cérémonial** de l'Empire français, contenant les honneurs civils et militaires ; les grands et petits costumes ; et uniformes des autorités ; les fonctions et attributions ; ce qui a rapport aux cérémonies publiques, les rangs et places, etc. par L.-J. P***. *Paris*, 1805 ; in-8, demi-rel. bas. 16 fr.

Portraits en pied et coloriés de l'Empereur, de l'Impératrice et du Pape, par *Rhoen*, tous gravés par *Delaunay*.

122. **Champfleury.** Les Vignettes romantiques. Histoire de la littérature et de l'art. 1825-1840 ; 150 vignettes par Célestin Nanteuil, Tony Johannot, Devéria, Jeanron, Edouard May, Jean Gigoux, Camille Rogier, Achille Allier. *Paris, Dentu*, 1883 ; in-4, br., couv. 25 fr.

Cet ouvrage est suivi d'un catalogue des romans, drames, poésies ornées de vignettes, de 1825 à 1840.

123. **Chappuys** (Gabriel). L'Estat, description et gouvernement des royaumes et républiques du monde, tant anciennes que modernes comprises en XXIIII livres, contenant divers reiglemens, ordonnances, loix, coustumes, offices, magistrats et autres choses, par Gabriel Chappuy, tourangeau. *Paris, Pierre Cavellat*, 1585 ; in-fol., vélin, fil. (*Rel. anc.*). 100 fr.

Très bel exemplaire Sur le dos et sur les plats se trouve un chiffre formé des lettres BRDNS enlacées.

124. **Charron** (Pierre). De la Sagesse, trois livres. *Suivant la vraye copie de Bourdeaux, à Leyde, chez Jean Elzevier*, 1656 ; pet., in-12, front., mar. rouge, dos orné, double rangée de fil. à la Duseuil, tr. dor. (*Rel. anc.*). 50 fr.

Haut. 133 mm.

125. **Chevigny** et **de Limiers**. La Science des personnes de cour, d'épée et de robe, revue, corrigée et augmentée par P. Massuet, *Amsterdam*, 1752-1757 ; 18 vol. in-12, fig., br. 60 fr.

Cet ouvrage renfermant de nombreuses gravures, traite entre autres matières de l'art héraldique, de l'escrime, de l'equitation, de l'art militaire, de la marine, etc.

126. **Chevillard** (Jacques). Chronologie des Rois de France, depuis Faramond jusqu'à présent (Louis XIV). *Paris, Chevillard*, s.d.; une feuille in-plano, montée sur toile. 40 fr.

Blasons gravés en taille-douce de tous les rois et reines de France, depuis l'origine de la Monarchie jusqu'à Louis XIV. Rare.

127. **Chifflet.** Insignia gentilitia equitum ordinis Velleris Aurei, fecialium verbis enuntiata, a J. J. Chiffletio, latine et gallice producta. Le blason des armoiries de tous les chevaliers de l'ordre de la toison d'or. *Antverpiæ, Balth. Moreti*, 1632; in-4, front., mar. brun. double rangée de fil. à froid, tr. dor. 70 fr.

Cet ouvrage contient les noms et la description des armoiries, au nombre de 378, de tous les chevaliers de l'ordre de la Toison d'or, depuis sa création en 1430, jusqu'au commencement du XVIIe siècle.

128. **Choix** des plus belles roses, peintes d'après nature, imprimées en couleurs et retouchées au pinceau. *Paris, Dusacq, s. d. (vers 1848)* ; in-fol., pl., demi-rel. chagrin violet. tête dor., *non rogné*. 50 fr.

60 belles planches coloriées avec soin. Légères mouillures.

129. **Cholières**. Les Contes et discours bigarrez du sieur de Cholières, déduits en neuf matinées (et neuf après-dînées). *Paris, Anth. du Breuil*, 1610 ; 2 vol. in-12, mar. rouge, fil., dos orné, tr. dor. (*Trautz-Bauzonnet*). 225 fr.

Bel exemplaire de ces deux volumes qui se trouvent rarement réunis.

130. **Chorier**. Aloisiæ Sigeæ Toletanæ Satyra Sotadica de Arcanis Amoris et Veneris. Aloisia hispanice scripsit, latinitate donavit Joannes Meursius (re vera auctore Nicolao Chorier). *Parisiis, Is. Liseux*, 1885 ; in-12, br. 6 fr.

Ce livre, dont il a été fait d'innombrables éditions sous le titre de *Joannis Meursii Elegantiæ Latini sermonis*, est en réalité l'œuvre d'un jurisconsulte français du XVIIe siècle, Nicolas Chorier : un écrivain nourri du plus pur miel de l'Antiquité ; le dernier Classique Latin, comme Bossuet le dernier Père de l'Eglise. Déjà, il y a près d'un siècle et demi, les éditeurs de la Collection Barbou lui assignaient sa place entre Virgile et l'*Imitation de Jésus-Christ*.

131. **Cicéron**. Vonn Gebüre und Billicheit. Des fürtrefflichen hochberumpten Romers M. T. Ciceronis, drei Bücher an seinen Sün Marcum. *Gedruckt zu Frankfurt am Meyn, bei Chr. Egenolff*, 1550 ; in-fol. de 4 ff. lim. et 91 ff. chiffrés, fig. sur bois, mar. rouge, fil., dos orné, tr. dor. (*Belz-Niedrée*), 350 fr.

Édition ornée de 103 figures sur bois, gravées par *Hans Scheufelein* et *Burgkmaier*. Très bel exemplaire.

132. **Ciceronis** (M. Tullii) Opera. Cum optimis exemplaribus accurate Collata. *Lugd. Batavorum, ex officina Elzeviriana*, 1642 ; 10 tomes en 9 vol. pet. in-12, veau. 50 fr.

Le tome IX est en 301 pp. Voyez Willems, les Elzeviers, n° 535. — Haut. 126 mm.

133. **Clairambault-Maurepas** (Recueil). Chansonnier historique du XVIIIe siècle. Publié avec introduction, commentaire, notes, et index par Emile Raunié. *Paris, Quantin*, 1879-1884 ; 10 vol. pet. in-8, br. 35 fr.

Papier vergé. Portraits à l'eau-forte par *Rousselle*.

134. **Claretie** (Jules). Le Drapeau. *Paris, Calmann Lévy*, 1886 ; in-8, demi-rel. dos et coins de mar. brun, dos orné, tête dor., n. rog. (*Bretault*). 250 fr.

Édition tirée à 225 ex. numérotés, illustrée de 13 vignettes de *Kauffmann* ; 14 charmantes aquarelles originales ont été peintes dans les marges par *Sergent*.

135. **Classiques** (les) de la table, à l'usage des praticiens et des gens du monde. *Paris, Dentu*, 1844 ; in-8, demi-rel. veau vert, tr. jasp. 15 fr.

Portraits et figures en taille-douce et sur bois, gravés par *Henriquel-Dupont, Blanchard, Passot, Pauquet*, d'après *Debucourt, Carle Vernet, Paul Delaroche* et autres.

136. **Clavius**. Theodosii Tripolitæ sphæricorum libri III, a Christophoro Clavio Bambergensi Societatis Jesu perspicuis demonstrationibus ac scholiis illustrati. *Romæ, ex typographia Dominici Basæ*, 1586 ; in-4, fig. mar. brun, fil., tr. dor. (*Anc. rel.*). 125 fr.

Sur le dos du volume, les armes et la devise du Cardinal de Bourbon (Charles X, de la Ligue).

137. **Cleland** (John). Memoirs of Fanny Hill. A new and genuine edition, from the original text. (*London*, 1749). One volume in-8, containing 340 pages, br. 20 fr.

This romance of John Cleland in certainly the most famous production of English private Literature, and, in some respects, it may be considered a classic.
For the present reprint, we have used a copy that we were lucky enough to secure of the edition of 1749, so that we can guarantee the text as truly complete and genuine.

138. **Clément** (Charles). Géricault, étude biographique et critique avec le catalogue raisonné de l'œuvre du maître. Troisième édition augmentée. *Paris, Didier*, 1879 ; in-8, br. 15 fr.

Trente planches d'après les dessins, les lithographies et les tableaux de *Géricault*.

139. **Clément** (Ch.). Gleyre, étude biographique et critique avec le Catalogue raisonné de l'œuvre du maître. *Paris, Didier et Cie*, 1878 ; gr. in-8, br. 10 fr.

Ouvrage orné de 30 photogravures.

140. **Collection** des anciens Poëtes

français. *Paris, Coustelier*, 1723-1724 ; 10 vol. in-12, veau marbré, 50 fr.

Poésies de Coquillart. — Poésies de G. Crétin. — Poésies de G. Marot. — Œuvres de Villon. — Légende de maistre Pierre Faifeu. — La Farce de maistre Patelin. — Œuvres de Racan, 2 vol. — Poésies de Martial de Paris, dit d'Auvergne, 2 vol.

141. **Collection** des meilleurs ouvrages de la langue française dédiée aux dames. *Paris, de l'impr. de P. Didot l'aîné*, 1813-1819 ; 23 vol. in-16, cart., *non rognés*. 100 fr.

Mme Riccoboni : Lettres de mylady Castelby : Lettres de Mme de Sancerre, 2 vol., Lettres de mistriss Fanny Butlerd ; — *Mme de Lafayette*. Zayde, 2 vol. : La princesse de Clèves, 2 vol. — *Hamilton*. Mémoires de Grammont, 3 vol.; Contes, 3 vol. — *Mme de Tencin*. Comte de Comminge ; Siège de Calais. — *Voltaire*. La Henriade, 2 vol. — *La Bruyère*. Caractères, 4 vol. PAPIER VÉLIN.

142. **Collection** de villes, châteaux, édifices, théâtres, places publiques, colonnades et ce qu'il y a de plus remarquable dans toute l'Europe. *Paris, Chéreau, s. d.* (vers 1725) ; in-fol., veau, dos orné, fil., dent. int. (*Anc. rel.*). 500 fr.

Recueil de 126 planches, dont 67 doubles, montées sur onglets, gravées par *Aveline, Charpentier, Lucas, Israël Sylvestre, etc.* On remarque des vues du Louvre, de Notre-Dame, de la place Louis-le-Grand, du Pont-Neuf, etc., plusieurs vues du château de Versailles, Fontainebleau, Vincennes, Saint-Germain, Marly, etc., etc.

143. **Colonna** (Fr.). LA HYPNEROTOMACHIA DI POLIPHILO, cioe pugna d'amore in sogno. Dov' egli mostra, che tutte le cose humane non sono altro che sogno : et dove narra molt' altre cose degne di cognitione. Ristampato di novo et ricorretto con somma diligentia, a maggior commodo de i lettori. *In Venetia*, 1545 ; (A la fin :) *In Venegia, in casa de' figliuoli di Aldo, nell' anno* 1545 ; in-fol. de 234 ff. non chiffr., fig. sur bois, vélin, milieux dorés, tr. dor. et ciselée. 500 fr.

Bel exemplaire dans sa reliure primitive. La figure du *Priape* est intacte.

144. **Commines**. CHRONIQUE ET HYSTOIRE faicte et composee par feu Messire Philippe de Commines chevalier, seigneur Dargenton, contenant les choses advenues durant le règne du Roy Loys Unziesme, tant en France, Bourgogne, Flandres, Arthoys, Angleterre que Espaigne, et lieux circõvoisins. Nouvellement revueue et corrigee, avec la table des chapitres contenuz en ladict cronique. *Il se vend à Lyon sur le Rosne en la maison Claude Nourry, dit le Prince : aupres de Notre dame de confort*. (A la fin :) *Et fut achevée d'imprimer le vii jour du mois Davril*, 1526, *par Claude Nourry, dit le Prince : demourant à Lyon sur le Rosne pres nostre dame de confort* ; in-fol. goth. de 4 ff. prélim. pour le titre, et la table et 108 ff. chiff., mar. rouge, dos orné, double rangée de fil., tr. dor. (*Trautz-Bauzonnet*). 400 fr.

Cinquième édition, très rare. Titre encadré d'une large bordure sur bois. Grande figure au verso du titre, également gravée sur bois, représentant le roi Louis XI entouré des principaux personnages de sa cour.
Très bel exemplaire.

145. **Coppée** (François). Pour la Couronne, drame en cinq actes en vers. *Paris, Alph. Lemerre*, 1895 ; in-12, br. 3 fr.

ÉDITION ORIGINALE.

146. **Coriolis** (abbé de). Traité sur l'administration du comté de Provence. *Aix, Vve A. Adibert*, 1786-1788 ; 3 vol. in-4, bas. 30 fr.

147. **Coriolis**. Dissertation sur les Etats de Provence, par l'abbé de Coriolis, d'Aix, ancien conseiller à la Cour des comptes, aides et finances. *Aix, Remondet-Aubin*, 1867 ; in-4, cart., *non rogné*. 12 fr.

Ouvrage entièrement inédit.

148. **Corneille** (Pierre). Théâtre de P. Corneille, reveu et corrigé par l'autheur. *Imprimé à Rouen, et se vend à Paris, chez Th. Jolly*, 1664 ; 2 vol. in-fol., port. et front. gravés, mar. rouge, dos orné, large dent., comp., tr. dor. 300 fr.

Edition dont le texte a été revu par Corneille pour la 3e fois. Exemplaire provenant de la bibliothèque de M. Ambroise FIRMIN-DIDOT.
Très bel exemplaire avec témoins.

149. **Corneille** (Pierre et Thomas). Théâtre reveu et corrigé et augmenté de diverses pièces nouvelles. *Suivant la copie imprimée à*

Paris, 1689-1692; 9 vol. pet. in-12, veau granit. (*Rel. anc.*). 40 fr.

Jolie édition imprimée par Abraham Wolfgang, d'Amsterdam, et qui se joint à la collection elzévirienne.
Haut. 130 mm.
Bel exemplaire.

150. **Corneille** (Pierre). Théâtre de P. Corneille. Texte de 1682; avec notices et notes par Alphonse Pauly. *Paris, Alphonse Lemerre*, 1881-1886; 8 vol. in-12, portr., br. 70 fr.

L'un des 50 exemplaires sur PAPIER WHATMAN (n° 1) avec la suite des 35 eaux-fortes par *Mongin*, d'après *Gravelot*, tirées sur même papier et de format gr. in-8.

151. **Corpus juris** canonici emendatum et notis illustratum Gregorii XIII Pont. Max. iussu editum. Nunc indicibus novis et appendice P. Lanceloti Perusini adauctum. *Parisiis*, 1587; in-fol., figures sur bois, mar. rouge, fil., dos orné, tr. dor. (*Anc. rel.*). 100 fr.

Bel exemplaire avec le chiffre et les premières armes de J.-AUG. DE THOU.

152. **Costumes de théâtre**. Petite galerie dramatique ou recueil de différents costumes d'Acteurs des Théâtres de la capitale (par Joly, Carle et Maleuvre). *Paris, Martinet* (1805-1843); 10 vol. gr. in-8 (1637 pl.). — Galerie dramatique. Costumes des Théâtres de Paris, par MM. Dollet, Lacauchie et L. Lasalle. *Paris, Martinet*, 1844-1871; 10 vol. gr. in-4 (1000 pl). — Nouvelle galerie théâtrale, par MM. Chatinière, Draner, Grévin, Morlon, Stop. *Paris, Martinet*, 1872; 3 vol. pet. in-fol. (300 pl.). Ens. 23 vol. in-8, in-4 et pet. in-fol., dont 13 en demi-rel. dos et coins de mar. rouge, tête dor., et 10 en demi-rel. chagr. noir, tête dor. 2.000 fr.

Cette très importante et très rare collection, commencée au début de ce siècle sous la direction de Martinet sous le titre de *Petite Galerie dramatique*, comprend 1637 planches en couleurs, plus la pl. 740 qui est double. Elle se continue avec 1000 autres planches de 1844 à 1871 sous la rubrique de *Galerie dramatique*. Après la guerre de 1870-71, elle reparait sous un nouveau titre : *Nouvelle Galerie théâtrale* et comprend 300 nouvelles planches. Ce qui donne pour cet exemplaire *absolument complet* 2938 figures de costumes, exécutés avec beaucoup de soin, où sont représentés dans leurs principaux rôles les artistes dramatiques et lyriques les plus célèbres de ce siècle.
Remarquons que la planche 57 de la première série porte la date de 1806, ce qui établit d'une façon péremptoire que l'origine de la publication est antérieure à 1808 comme on l'a imprimé souvent.

153. **Costumes**. Modes françaises, ou histoire pittoresque du Costume en France, depuis le mois d'août 1818. *Paris, Pierre Blanchard*, 1821; 3 vol. in-8, cart., *non rognés*. 100 fr.

Ces trois volumes sont illustrés de 149 charmantes figures (sur 150) de modes féminines et masculines, très finement coloriées. Le 1er vol. (août 1818-février 1820) comprend 50 pl. — Le tome II (mars-novembre 1820), 50 pl. — Et le tome III (novembre 1820-juillet 1821), 49 pl. (Le n° 143 manquant).

154. **Costumes**. The Costume of Turkei, with descriptions in english and french. *London, Miller*, 1804; in-fol., mar. rouge, dent., tr. dor. 100 fr.

60 planches gravées en taille-douce et COLORIÉES AU PINCEAU.

155. **Costumes**. Picturesque representations of the dress and manners of the English, Austrians, Russians, Turks and Chinese, illustrated in coloured engravings, with descriptions, by W. Alexander. *London, John Murray*, 1814; 5 vol. in-8, mar. rouge, dos orné, dent., comp. dor. et à froid sur les plats, tr. dor. (*Rel. anc.*). 300 fr.

27 belles planches en couleur donnant la représentation des costumes masculins et féminins, civils et militaires des Anglais, Autrichiens, Russes, Turcs et Chinois.
Bel exemplaire dans une jolie reliure à grain long, contemporaine de la publication de l'ouvrage.

156. **Cottin** (Eugène). Drôleries du Palais. Album humoristique. *Paris, Plon*, 1900; in-8 carré, br. 4 fr.

Types de magistrats, d'avocats, d'accusés, d'agents de police, etc.

157. **Coustumier** (le grant) de Bourgongne. Bartholomei a Chasseno... tertia recognitio commentariorum in Consuetudines ducatus Burgundie precipue : immo et totius pene Gallie secundario. *Parisiis*. *Fr. Regnault*, 1534; in-4, goth. vélin à recouvrements. 120 fr.

Rare édition de ces coutumes. La collation donné par Brunet étant incomplète, nous la rétablissons ici : le volume comprend : 4 ff. lim., 312 ff. de texte et

42 ff. (le dernier blanc) pour l'*Index materiarum* avec achevé d'imprimer du 3 octobre 1534. Suit: *la Table des additions du grant coustumier de Bourgongne dernierement imprimée à Lyon l'an 1535.* (A la fin :) Excussum anno ab orbe redempto tricesimo quinto supra sesquimillesimum (1535) die vero 25 decembris, 48 ff. — Le titre des Coutumes est illustré par les portraits de Bartholus, Baldus, Paulus de Castro, Turrecremata, Panormita, Felinus, etc., gravés sur bois.
Le titre a été restauré.

158. **Crenne** (Helisenne de). Les Angoysses douloureuses qui procedent d'Amour, composee par Dame Helisenne de Crenne. *S. l. n. d.* (*Lyon, Denis de Harsy, vers 1540*); 2 parties en un vol. pet. in-8, mar. citron, dos orné, fil., coins remplis, tr. dor. (*Hardy*). 200 fr.

Belle et rare édition imprimée en lettres rondes par Denis de Harsy, de Lyon, dont les titres portent la marque a ne hault, ne bas ». et illustrée de très jolies petites figures gravées sur bois.
Le volume se termine par 8 ff. pour l'*Ample narration faicte par Quezinttra en regretant la mort de son compaignon Guenelic et de sa dame Helisenne.*

159. **Cruikshank** (Georges). The Comic Almanack for 1848 : an ephemeris in jest and earnest. *London*, 1848; in-16, br. 20 fr.

Humoristiques illustrations par *G. Cruikshank*, gravées sur bois et sur cuivre.

160. **Cyprien** (Saint). Livre de l'Unité de l'Eglise. Traduit en françois avec des notes par l'évêque de Marseille (Belsunce de Castelmoron). *Marseille, Vve Berbion*, 1744; in-4, mar. rouge, dos orné, dent., tr. dor. (*Rel. anc.*). 120 fr.

Jolie reliure ornée dans sa dentelle de nombreux fleurons représentant un Dauphin surmonté de la couronne royale.

161. **Dadinus Alteserra** (Ant.). Notæ et Observationes in Anastasium De Vitis Romanorum Pontificum. *Parisiis, apud Lud. Billaine*, 1680; in-4, mar. rouge, dos orné, fil. à la Du Seuil, tr. dor. (*Rel. anc.*). 120 fr.

Exemplaire de dédicace, aux armes du chancelier Michel LE TELLIER.

162. **Damerval**. LE LIVRE DE LA DEABLERIE (par Eloy Damerval). — *Icy finit la deablerie, S. l. n. d.* (*imprimé à Paris par Michel Le Noir, rue saint Jacques, à la rose blanche, l'an mil cinq cens et huyt*); pet. in-fol. de 123 ff. à 2 col. et 1 f. blanc, caract. goth., fig. sur bois, mar. brun mosaïqué de mar. noir, doublé de mar. rouge, fil., dos orné, tr. dor. (*Hardy-Mesnil*). 650 fr.

Ouvrage en vers écrit en forme de dialogue entre Lucifer et Satan. Satan passe en revue tous les états de la vie et expose à Lucifer tous les vices et tous les abus qu'il a remarqués.
Plusieurs longs chapitres sont consacrés aux femmes; on y trouve des détails curieux sur les modes du temps.
Dans la dernière page il est dit que deux docteurs en théologie, Me Guillaume Du Chesne (*de Quercu*) et Me P. Charpentier, ont approuvé l'ouvrage.
Bel exemplaire de ce livre rare, provenant de la bibliothèque du prince d'ESSLING, dont il porte les armes à l'intérieur.

163. **Danse des morts** (La), comme elle est dépeinte dans la ville de Basle, dessinée et gravée sur l'original de feu Matthieu Mérian. On y a ajouté une description de la ville de Basle et des vers à chaque figure. *Basle*, 1756; in-4, mar. vert, dos orné, dent. int., tr. dor. (*Anc. rel.*). 180 fr.

Édition comprenant les textes allemand et français et ornée d'un frontispice et de 43 curieuses figures gravées à l'eau-forte. Bel exemplaire.

164. **Daudet** (Alph.). Œuvres de Alphonse Daudet. *Paris, Alphonse Lemerre*, 1879-1891 ; 18 vol. pet. in-12, portr., br. 110 fr.

L'un des 25 exemplaires sur PAPIER WHATMAN, avec la suite des 6 eaux-fortes (tirées in-8) de *Félix Buhot*, pour les *Lettres de mon Moulin.*

165. **David**. Nouvelle traduction du livre des pseaumes, selon la vulgate et les différents textes, avec des nottes littérales et grammaticales (par Nicolas de Mélicque). *Paris, L. Guérin*, 1705; in-8, front., mar. vert, dos orné, fil., tr. dor. (*Rel. anc*). 800 fr.

Exemplaire aux armes et au chiffre de Madame de CHAMILLART.

166. **Daviler**. Cours d'Architecture qui comprend les ordres de Vignole, avec des commentaires, les figures et les descriptions de ses plus beaux bâtiments et de ceux de Michel Ange, etc., par le sieur C. A. d'Aviler, architecte. Nouvelle édition enrichie de nouvelles planches. *Paris, Jean Mariette*, 1728; in-4, pl., mar. rouge,

dos orné, fil., tr. dor. (*Rel. anc.*). 200 fr.

Ouvrage orné de plus de 100 planches de modèles de décoration des époques Louis XIV et Louis XV.
Bel exemplaire.

167. **Dayot** (Armand). L'Image de la Femme. *Paris, Hachette,* 1899; gr. in-4, br., couv. 18 fr.

Bel ouvrage illustré de planches hors texte et de nombreux portraits dans le texte.

168. **Dayot** (Armand). La Révolution française. Constituante. — Législative. — Convention. — Directoire, d'après des peintures, sculptures, gravures, médailles, objets du temps. *Paris, Flammarion,* s. d.; album in-4 oblong, demi-rel. chagr. rouge, dos orné 15 fr.

Très intéressante publication contenant près de deux mille reproductions en simili-gravure.

169. **Delaborde** (Henri). Ingres, sa vie, ses travaux, sa doctrine, d'après les notes manuscrites et les lettres du maître. *Paris, Henri Plon,* 1870; in-8, br. 5 fr.

Portrait gravé au burin par *Morse*, et fac-simile d'autographe.

170. **Delacroix** (Eugène). Journal de Eugène Delacroix. Précédé d'une étude sur le maître, par M. Paul Flat. *Paris, Plon et Nourrit,* 1893-1895; 3 vol. in-8, demi-rel. chagr. brun, tr. jaspée. 15 fr.

3 portraits de Delacroix à différents âges.

171. **Delacroix** (Eugène). Lettres de Eugène Delacroix (1815 à 1863). Recueillies et publiées par M. Philippe Burty. *Paris, A. Quantin,* 1875; in-8, br. 5 fr.

Portrait à l'eau-forte et fac-similés de lettres autographes.

172. **Delacroix** (Eugène). L'Œuvre complet de Eugène Delacroix. Peintures, dessins, gravures, lithographies, catalogué et reproduit par Alfred Robaut, commenté par Ernest Chesneau. *Paris, Charavay,* 1885; in-4, br., couv. 20 fr.

2 portraits en héliogravure d'Eugène Delacroix et nombreuses vignettes dans le texte reproduisant l'œuvre du maître.

173. **Delafosse**. Nouvelle Iconologie historique, ou attributs hieroglyphiques, par Jean Charles Delafosse, architecte. *Paris, l'auteur,* 1768; demi-rel. dos et coins veau marbr. 300 fr.

Rare recueil bien complet comprenant, outre le texte gravé, 109 planches dont une servant de frontispice représentant des modèles de trophées, de vases, de cheminées, de fontaines, de cartels, de pendules, de consoles et autres sujets.
Bon exemplaire grand de marges.

174. **Delord** (Taxile). Histoire illustrée du second Empire. *Paris, Germer-Baillière, s. d.* (1880-1883); 6 vol. gr. in-8, demi-rel. chagr. rouge, tr. jaspée. 25 fr.

Ouvrage illustré d'environ 460 gravures sur bois.

175. **Descamps**. Vie des Peintres flamands et hollandais, par Descamps, réunie à celle des peintres italiens et français, par d'Argenville. *Marseille,* 1840-1845; 5 vol. in-8, portr., demi-rel. mar. vert, *non rognés.* 25 fr.

Ouvrage estimé.

176. **Description** de la grotte de Versailles (par Félibien). *Paris, Imp. royale,* 1679; in-fol. mar. rouge, fil., comp., tr. dor. (*Anc. rel.*). 500 fr.

Aux armes et au chiffre de Louis XIV. La reliure est très fraîche mais le volume est mouillé intérieurement.
20 planches de *Le Pautre.*

177. **Description** géographique de la Guiane (par J.-N. Bellin). *Paris, impr. de Sloupe,* 1763; in-4, mar. rouge, dos orné, fil., tr. dor. (*Rel. anc.*). 150 fr.

Bel exemplaire aux armes de Charles-Alexandre de CALONNE, contrôleur général des finances.

178. **Desforges-Maillard**. Œuvres en vers et en prose. *Amsterdam, J. Schreuder et P. Mortier,* 1759; 2 vol. in-12, portr., demi-rel. veau, *non rognés.* 15 fr.

Les poésies de Desforges-Maillard parurent d'abord sous le pseudonyme de Mlle Malcrais de la Vigne. Cette supercherie littéraire eut le plus grand succès, tous les poètes du temps y furent pris; Voltaire lui-même ne reconnut pas le masque et adressa une galante épître à « la divine Malcrais ».

179. **Des Périers** (Bonaventure). Les Contes ou les nouvelles recreations et joyeux devis de Bonaventure des Périers. Nouvelle édition augmentée et corrigée, avec des notes historiques et critiques par M. de la Monnoye. *Amsterdam*

(*Paris*), *Z. Chatelain*, 1735; 3 vol. in-12, mar. vert, dos orné, fil., tr. dor. (*Capé*). 150 fr.

La plupart des exemplaires de cette édition eurent à subir des retranchements et des modifications dans les notes rédigées par Bernard de la Monnoye. Celui-ci est un de ceux qui échappèrent aux ciseaux du censeur. (Voy. Brunet, II, 643). Très rare.

180. **Des Périers** (Bonaventure). Nouvelles Recréations et joyeux devis de B. des Périers, suivis du Cymbalum mundi. Avec une notice, des notes et un glossaire par Louis Lacour. *Paris, libr. des Bibliophiles*, 1874; 2 vol. in-8, br. 25 fr.

GRAND PAPIER DE HOLLANDE, tiré à 200 exemplaires.

181. **Detaille** (Édouard). Types et uniformes de l'Armée française. Texte par Jules Richard. *Paris, Boussod et Valadon*, 1885-1889; in-fol. en livraisons. 450 fr.

Une des plus belles et des plus exactes publications sur l'Armée française.

182. **Détré** (Ernest). Nina la Blonde, histoire réaliste d'une courtisane. *Paris, Dentu*, 1878; in-8, mar. brun, dos orné, fil., tête dor., *non rogné*. 15 fr.

ÉDITION ORIGINALE SUR PAPIER DE CHINE. Envoi d'auteur au général Pittié.

183. **Devaux-Mousk** (Paul). Fleurs de Persil. Illustrations de Galice. *Paris, Ed. Monnier*, 1887; in-8, demi-rel. dos et coins de peau de truie, dos mosaïqué de mar. blanc, rouge et vert, tête dor., couv. de soie. 25 fr.

Exemplaire sur PAPIER DU JAPON. Texte encadré d'illustrations par *Galice*. Portraits en double épreuve : sanguine et noir.

184. **Dialogue** d'entre le Maheustre et le Manant : contenant les raisons de leurs débats et questions en ces presens troubles au royaume de France. *S. l.*, 1593; pet. in-8 de 158 ff., mar. rouge, dos orné à la grotesque, fil., tr. dor. (*Rel. anc.*). 80 fr.

Deuxième édition de ce célèbre dialogue, écrit par un partisan de la Ligue et attribué à L. Morin, dit Cromé, et aussi au procureur Crucé. Bel exemplaire.

185. **Didon** (le Père). Jésus-Christ. *Paris, Plon et Nourrit*, 1891; 2 vol. in-8, br. 9 fr.

186. **Diguet** (Charles). Les Jolies Femmes de Paris. *Paris, Lacroix*, 1870; in-8, demi-rel. vélin, tête dor., *non rogné* (*Pierson*). 45 fr.

Un des 10 exemplaires sur PAPIER DE CHINE.

Frontispice en double tirage et 20 portraits à l'eau-forte par *Martial* : Marie Roze, Agar, Sarah Bernhardt, Léonide Leblanc, Blanche Pierson, Sarolta, Angelo, Louise Ferraris, M. Sacca, Massin, Hilda, Latour, Rosine Bloch, Gabr. de Cleurcy, Blanche d'Antigny, Odette Reynold, Alice Régnault, Aug. Déverin et Céline Montaland.

187. **Dons** (Les) des Enfants de Latone : la musique et la chasse du cerf, poème (par J. de Serré de Rieux). *Paris, Prault*, 1734; in-8, pl., veau. 30 fr.

Un frontispice et 6 figures par *Oudry* (dont 5 techniques); 50 planches de musique gravée.

188. **Du Bouëtiez de Kerorguen**. Recherches sur les Etats de Bretagne, la tenue de 1736. *Paris, Dumoulin*, 1875; 2 vol. in-8, br. 10 fr.

189. **Du Cerceau** (Androuet). Livre d'Architecture de Jacques Androuet, du Cerceau. Auquel sont contenus diverses ordonnances de plants et élévation de bastiments pour seigneurs, gentilshommes, et autres qui voudront bastir aux champs : mesmes en aucun d'iceux sont dessignez les bassez courts, avec leurs commoditez particulières, aussi les jardins et vergiers. *A Paris, pour Jacques Androuet du Cerceau*, 1582; in-fol., pl., veau, dos orné, fil., milieux et coins azurés, tr. dor. (*Rel. anc.*). 250 fr.

26 ff. de texte et 52 planches, formant le troisième livre de l'architecture de *Du Cerceau*.

Belle reliure du XVIe siècle.

190. **Du Fouilloux.** La Vénerie, précédée de quelques notes biographiques et d'une notice bibliographique (par Pressac). *Angers, Ch. Lebossé*, 1844; gr. in-8, br. 20 fr.

Figures sur bois.

191. **Dulaure.** Histoire physique, civile et morale de Paris, depuis les premiers temps historiques jusqu'à nos jours. *Paris, Guillaume*, 1821-1822; 6 vol. in-8, demi-rel. bas. 15 fr.

Nombreuses figures représentant les monuments de Paris, gravés en taille-douce sous la direction de *Couché fils*.

192. **Dupont-Auberville**. L'Ornement des tissus, recueil historique et pratique, avec des notes explicatives et une introduction générale. *Paris, Ducher*, 1877 ; 2 parties en un vol. in-fol., demi-rel. dos et coins mar. brun, tête dor., *non rogné*. 70 fr.

100 grandes et belles planches en chromolithographies.

193. **Duras** (Mme de). Ourika. *Paris, Ladvocat*, 1824 ; in-12, demi-rel. veau. 4 fr.

PAPIER VÉLIN.

194. **Du Tillet**. Recueil des roys de France, leur couronne et maison. Ensemble le rang des grands de France, par Jean du Tillet, sieur de la Bussière. *Paris, Jean Houzé*, 1602 ; in-4, vélin à recouvrements, milieux, fil., tr. dor. (*Rel. anc.*). 100 fr.

Très bel exemplaire.

195. **Du Tillet**. Recueil des Roys de France, leur couronne et maison ; ensemble les rengs (*sic*) des grands de France, par Jean du Tillet ; plus une chronique abbrégée contenant tout ce qui est advenu, tant en fait de guerre qu'autrement, entre les roys et princes, respubliques et potentats estrangers, par M. du Tillet, évesque de Meaux, frères (*sic*). *Paris, Jacques Du Puys*, 1580 ; in-fol., mar. vert, fil., tr. dor. (*Rel. anc.*). 85 fr.

Recueil important, composé de plusieurs ouvrages, qui avaient d'abord été imprimés séparément. Portraits gravés sur bois.

Au centre des plats, on a rapporté les armoiries frappées en or, à la fin du XVIIe siècle, d'un des descendants de JEAN DU TILLET.

196. **Du Verdier**. La Diane françaisc. *Paris, Anth. de Sommaville*, 1624 ; un tome en 2 vol. pet. in-8, front., veau fauve, dos orné, fil. (*Rel. anc.*). 80 fr.

Aux armes de la marquise de POMPADOUR.

Le titre de la seconde partie manque. — Le f. 387 qui se trouve collé à un autre a été copié et inséré à la fin du 1er volume.

197. **Eau-forte** (L') depuis douze ans. 100 œuvres choisies par une société de peintres graveurs à l'eau-forte. *Paris, Cadart* ; 2 vol. in-fol., demi-rel. dos et coins de chagr. rouge, fil., tête dor., *non rognés*. 160 fr.

200 planches montées sur onglets.

198. **Eisenberg** (Le Baron d'). L'Art de monter à cheval ou description du manège moderne dans sa perfection, écrit et dessiné par le baron d'Eisenberg, et gravé par B. Picart. Nouvelle édition, augmentée d'un dictionnaire des termes de manège moderne. — Anti-Maquignonage pour éviter la surprise dans l'emplette des chevaux. *A Amsterdam et à Leipzig, chez Arkstée et Merkus*, 1759-1764 ; 3 vol. in-fol. oblong, 60 et 9 planches gr., demi-rel. bas. rouge. 70 fr.

199. **Éloge** de l'Enfer. Ouvrage critique, historique et moral. (Par J.-Fr. Bernard). *La Haye, P. Gosse*, 1759 ; 2 vol. in-12, veau marbré, dos orné. 15 fr.

Ouvrage orné de nombreuses figures par *Sibelius*.

200. **Érasme**. L'Éloge de la Folie, composé en forme de déclamation, et traduit par M. Gueudeville. Avec les notes de Gérard Liste. Nouvelle édition. *Amsterdam, Fr. l'Honoré*, 1728 ; in-8, veau. 15 fr.

Portrait, frontispice et figures d'*Holbein*.

201. **Érasme**. L'Éloge de la Folie, traduit du latin d'Erasme, par M. Gueudeville. Nouvelle édition, revue et corrigée sur le texte de l'édition de Basle, ornée de nouvelles figures avec des notes (par Meunier de Querlon). *S. l. (Paris)*, 1751 ; in-4, veau. 80 fr.

Exemplaire en GRAND PAPIER, orné d'un frontispice encadré, d'un fleuron de titre, de 13 estampes, d'une vignette et d'un cul-de-lampe par *Eisen*, gravés par *Aliamet, Delafosse, Flipart, Legrand, Le Mire, Martinasie, Pasquier, Pincio* et *Tardieu*.

202. **Érasme**. Éloge de la Folie. Nouvellement traduit du latin par M. de la Veaux. Avec les figures de Jean Holbein gravées d'après les dessins originaux. *Basle, J.-J. Thurneysen*, 1780 ; in-8, veau fauve, dos orné, dent., tr. dor. (*Rel. anc.*). 35 fr.

Bel exemplaire. Figures sur bois.

203. **Estignard**. Courbet. Sa vie, ses œuvres. *Besançon*, 1896 ; in-8, br. 5 fr.

22 phototypies reproduisent les principales œuvres de Courbet.

204. **État** (L') de la France, contenant tous les princes, ducs et pairs,

et marechaux de France : les évêques, les juridictions du royaume, les gouverneurs des provinces. (Par L. Trabouillet). *Paris, Guill. Cavelier,* 1708 ; 3 vol. in-12, veau granit. 15 fr.

205. **État** (L') de la France. (Rédigé par les Religieux bénédictins de la congrégation de S.-Maur). *Paris, Le Gras,* 1749 ; 6 vol. in-12, bas. 20 fr.

Bon exemplaire.

206. **Évangiles** (les Saints). Traduction tirée des œuvres de Bossuet, par M. H. Wallon. *Paris, Hachette,* 1873 ; 2 vol. in-fol., *en feuilles,* et en carton. 450 fr.

Magnifique publication ornée de compositions de *Bida,* gravées à l'eau-forte par *Hédouin, Flameng, Nanteuil* et *Veyrassat;* de culs-de-lampe, d'en-têtes et de lettres ornées dessinés par *Rossigneux.*

Très bel exemplaire en GRAND PAPIER DE HOLLANDE. Publié à 2.000 fr.

207. **Évangiles** (Les Saints). Traduction tirée des Œuvres de Bossuet, par M. H. Wallon. *Paris, Hachette et Cie,* 1873 ; 2 vol. in-fol., mar. rouge, dos orné, comp. de fil., milieux, tr. dor. 400 fr.

Magnifique publication ; l'un des plus beaux livres publiés au XIXe siècle, illustré d'un très grand nombre de compositions de *Bida* gravées par *Hédouin, Bracquemond, Nanteuil, Flameng, Veyrassat* et autres, et d'une multitude de lettres ornées, d'en-têtes et de culs-de-lampe dessinés par *Rossigneux.*

208. **Fabliaux ou Contes,** fables et romans du XIIe et XIIIe siècle, traduits ou extraits d'après divers manuscrits du temps (par P.-J. Bapt.-Legrand d'Aussy. (*Paris, Onfroy,* 1779-1781 ; 4 vol. in-8, veau. 15 fr.

Le 4e vol. est intitulé *Contes dévots.*

209. **Fabre** (Ferdinand). Taillevent. Illustrations de George Roux. *Paris, Calmann Lévy,* 1895 ; gr. in-8, br. 6 fr

Édition du Figaro. Couverture illustrée.

210. **Facéties,** moralités, noëls et chansons, réimprimées par les soins de Caron. (*Paris,* 1798-1806) ; 2 vol. pet. in-8, vélin. 30 fr.

Nouvelle moralité d'une pauvre fille villageoise laquelle ayma mieux avoir le teste coupée par son père que d'être violée par son seigneur, 38 pp. — Farce joyeuse et récréative du galant qui a fait le coup, 27 pp. — Sotie à dix personnages, jouée à Genève en la place du Molard, l'an 1523, 48 pp. — La Farce de la querelle de Gaultier Garguille et de Perrine sa femme, 16 pp. — Traduction des noëls bourguignons de M. de La Monnoye, 1735, 24 pp. et 2 ff. non chiff. — Les Chansons folastres des comédiens, 16 pp. — Chute de la médecine et chirurgie ou le monde revenu dans son premier âge, 8 pp. et 2 ff. non chiff.

211. **Ferrières.** Mémoires du marquis de Ferrières, avec une notice sur sa vie, des notes et des éclaircissements historiques, par MM. Berville et Barrière. *Paris, Baudouin frères,* 1821 ; 3 vol. in-8, bas. 20 fr.

De la *Collection des mémoires relatifs à la Révolution française.*

212. **Feuvrier** (Dr). Trois ans à la cour de Perse. *Paris, Juven,* s. d. ; in-8, br. 4 fr.

4 planches en couleurs, 4 cartes, 1 plan et 80 illustrations d'après des photographies inédites et des croquis de l'auteur.

213. **Fillastre** (Guillaume). Premier [et le second] volume de la Thoison d'Or composé par le reverend père en Dieu, Guillaume (Fillastre) jadis evesque de Tournay, abbé de Sainct-Bertin et Chancelier de la Thoison d'or du bon duc Philippe de Bourgongne. Auquel soulz les vertus de magnanimité et justice appartenans a lestat de noblesse, sont contenus les haulx, vertueux et magnanimes faitz (tant) de très chrétienes maisons de France, Bourgogne et Flandres que d'autres roys et princes de lancien et nouveau testament. Nouvellement imprimé. *Ils se vendent à Paris en la rue Sainct Jacques, à lenseigne Sainct Claude.* Au recto du dernier feuillet du second volume : *Imprimé à Paris, l'an 1517 par Anthoine Bonnemère, le dixieme jour de décembre pour François Regnault ;* 2 tomes en un vol. in-fol. goth. à 2 col., fig., mar. rouge jans., tr. dor. (*Chambolle*). 500 fr.

Très bel exemplaire illustré d'artistiques figures sur bois ; quelques planches ont été coloriées.

214. **Fillastre** (Guillaume). Le premier (et second) volume de la Thoison d'Or. Composé par révérend père en Dieu Guillaume, par la permission divine jadis evesque de Tournay, abbé de sainct Bertin et chancellier de l'ordre de la Thoison d'Or du bon duc Philippe de Bourgongne. *On les vend à Paris...*

par Poncet le preux. (A la fin) : *Cy fine le secõd volume de la thoison d'or. Imprimée à Troyes par Nicolas le rouge, imprimeur et libraire. Lan mil cinq centz et trente* (1530) ; 2 tomes en 1 vol. in-fol., mar. rouge, dos et plats couverts d'entrelacs mosaïqués de mar. bleu, vert et noir, dorés aux petits fers, doublé de mar. bleu, semis de croix de Saint-André et de fleurs de lys, gardes de moire bleue, tr. dor. et ciselée, étui de mar. brun, doublé chamois (*Lortic*). 2.000 fr.

Édition rare, ornée de figures gravées sur bois.

Très riche reliure de Lortic, une des plus belles exécutées par ce relieur.

215. **Figuier** (Louis). Tableau de la Nature. *Paris, Hachette,* 1866-1870; 8 vol. in-8, fig., br. 40 fr.

La Terre avant le déluge. — La Terre et les Mers. — Histoire des plantes. — Zoophytes et Mollusques. — Les Insectes. — Les Poissons, les Reptiles et les Oiseaux. — Les Mammifères. — L'Homme primitif.

216. **Figuier** (Louis). Les Mystères de la Science. *Paris, libr. illustrée* (1887) ; 2 vol. in-4, br. 15 fr.

Autrefois. — Aujourd'hui.
Nombreuses figures sur bois.

217. **Filhol.** Galerie du Musée de France, publiée par Filhol, graveur, et rédigée par Lavallée (Joseph), [et continué par A. Jal]. *Paris, Filhol,* 1814-1828 ; 11 vol. in-8, demi-rel. dos et coins de mar. rouge, tête dor., *non rognés* (*David*). 300 fr.

Bel exemplaire comprenant 792 planches gravées au burin.

218. **Flamand-Grétry**. Itinéraire historique, géographique, topographique, statistique, pittoresque et biographique de la vallée de Montmorency, à partir de la porte Saint-Denis à Pontoise inclusivement. *Paris,* 1835-1840 ; 2 vol. in-8, br., couv. 15 fr.

Portraits et figures. Ouvrage renfermant la description topographique et historique des communes de la Chapelle, de Montmartre, de Clichy-la-Garenne, de Batignolles-Monceaux, de Clignancourt, de la plaine S.-Denis, de S.-Ouen, d'Aubervilliers, de S.-Denis, etc.

219. **Foucquet.** Œuvre de Jehan Foucquet. Heures de maistre Etienne Chevalier. Texte restitué par M. l'abbé Delaunay. *Paris, Curmer,* 1866-1867 ; 2 vol. in-4, en livraisons 200 fr.

Splendide publication reproduisant, par la chromolithographie, les magnifiques miniatures, les bordures et autres ornements du célèbre Livre d'Heures d'Etienne Chevalier, contrôleur général des finances des rois Charles VII et Louis XI, exécutés par le grand miniaturiste français, Jean Fouquet, vers le milieu du XVe siècle.

Très bel exemplaire.

220. **Foudre** (La), journal des nouvelles historiques, de la littérature, des spectacles, des arts et des modes, rédigé par une société de gens du Monde et d'hommes de lettres. *Paris,* 1821-1823 ; 10 vol. in-8, cart. 50 fr.

Collection complète de ce journal, dont Charles Nodier fut l'un des principaux rédacteurs, et qui parut tous les 5 jours du 10 mai 1821 au 30 novembre 1823. Il est illustré de lithographies représentant des costumes de l'époque, des pièces satiriques, des caricatures, etc. — Les titres des tomes VIII à X manquent.

221. **Fouillée** (Alfred). Psychologie du peuple français. *Paris, Alcan,* 1898 ; in-8, br. 3 fr.

222. **France** (Anatole). Clio. Illustrations de Mucha. *Paris, Calmann Lévy,* 1900 ; pet. in-8, br. 6 fr.

ÉDITION ORIGINALE. Illustrations en couleur.

223. **Gaffet de la Briffardière.** Nouveau traité de Venerie, contenant la chasse du cerf, celles du chevreuil, du sanglier, du loup, du lièvre et du renard, par un gentilhomme de la venerie du roy (Gaffet de la Briffardière). *Paris, Mesnier,* 1742 ; pet. in-8, demi-rel. dos et coins de chagr. vert, tr. peigne. 50 fr.

Édition publiée par Pierre-Clément de Chappeville. Elle est illustrée de planches cynégétiques et musique de tons de chasse.

224. **Galerie** de l'ancienne Cour ou mémoires anecdotes pour servir à l'histoire des règnes de Henri IV, de Louis XIII, de Louis XIV et de Louis XV. *S. l.,* 1788-1791 ; 8 vol. in-12, cart., *non rognés.* 30 fr.

225. **Galerie de Dresde.** Recueil d'estampes d'après les plus célèbres tableaux de la galerie royale de Dresde. *Dresde,* 1753-1757-1874 ; 3 vol. gr. in-fol., demi-rel. veau. 300 fr.

Tome I. Portrait d'Auguste III, roi de Pologne, et 50 planches.

Tomes II. Portrait de Marie-Josèphe, reine de Pologne, et 50 planches.
Tome III. Portrait de Frédéric-Auguste, électeur de Saxe, et 50 planches.

226. **Galerie** de Florence. Tableaux, statues, bas-reliefs et camées de la Galerie de Florence et du Palais Pitti, dessinés par M. Wicar, peintre, et gravés sous la direction de M. Mongez l'aîné. *Paris, Lacombe*, 1789-1807 ; 4 vol. in-fol., fig., demi-rel. mar. brun, *non rognés*. 300 fr.

Un frontispice et 200 planches. Bel exemplaire.

227. **Garnier** (Edouard). Histoire de la Céramique, poteries, faïences et porcelaines chez tous les peuples, depuis les temps les plus anciens jusqu'à nos jours. *Tours, Mame*, 1882 ; in-8, br. 12 fr.

Illustrations en noir et en chromolithographie d'après les dessins de l'auteur.

228. **Garnier** (Edouard). Histoire de la Verrerie et de l'Emaillerie. *Tours, Alfred Mame*, 1886 ; gr. in-8, br. 20 fr.

Illustration d'après les dessins de l'auteur. Gravure de *Trichon*.

229. **Gautier** (Hippolyte). L'an 1789, événements, mœurs, idées, œuvres et caractères. *Paris, Delagrave*, s. d. ; in-4, demi-rel. chagr. rouge, dos orné, couvert. conservée. 18 fr.

Très bel ouvrage orné de 650 reproductions, par la photogravure sur cuivre, de vignettes, d'estampes et de tableaux de l'époque.
Nombreuses planches hors texte, tirées en noir et en couleurs : portraits, vues de monuments, plans et cartes, représentations d'événements, sujets divers, scènes, allégories, caricatures, fantaisies, costumes, armes et insignes.

230. **Gavard.** Galeries historiques de Versailles, publiées par ordre du roi sous la direction de MM. Gavard, Calamatta et Mercuri. *Paris, Gavard*, 1838 et suiv. ; *en feuilles* dans 14 cartons in-fol. 400 fr.

Belle publication comprenant 1695 planches gravées sur acier reproduisant tous les tableaux du musée de Versaillee.

231. **Gazette des Beaux-Arts.** Courrier européen de l'Art et de la Curiosité. *Paris*, 1859-1889; 68 vol. gr. in-8, demi-rel. dos et coins de mar. rouge, tête dor., *non rognés*. 2000 fr.

Bel exemplaire en GRAND PAPIER DE HOLLANDE, de l'origine à 1889 inclusivement.

Nombreuses et belles planches gravées à l'eau-forte par les meilleurs artistes de notre époque.

232. **Gazette des Beaux-Arts.** Courrier européen de l'Art et de la Curiosité. *Paris*, 1859-1887 ; 64 vol. in-8, br., *en livraisons*. 700 fr.

Collection complète de l'origine à 1887 inclusivement.

233. **Gerson**. De l'Imitation de Jésus-Christ, traduite d'après un ms. de 1440 par l'abbé Delaunay. *Paris, Tross*, 1869 ; pet. in-8, br. 15 fr.

Très belles bordures gravées sur bois, d'après celles des livres d'heures de la fin du XVe et commencement du XVIe siècles.

234. **Gessner**. Œuvres. *Paris, chez l'auteur des estampes, veuve Hérissart et Barrois l'aîné* (1786-1793) ; 3 vol. gr. in-4, fig., veau écaille, filets, dos ornés (*Rel. anc.*). 250 fr.

Bel exemplaire ; titres gravés, frontispices et 72 jolies figures par *Le Barbier*.

235. **Gessner.** Suite complète de 1 portrait, 3 titres gravés et 72 planches par Le Barbier (pour illustrer les Œuvres) gravées par Baquoy, Dambrun, De Lignon, Gaucher, Halbou, de Longueil, etc., en un vol. in-4, dos et coins de mar. bleu, tête dor., *non rogné*. 200 fr.

236. **Gessner** (Salomon). Œuvres. *Paris, Renouard*, 1795 ; 4 vol. pet. in-8, demi-rel. dos et coins de veau rouge, dos orné, tr. marbr. 60 fr.

Exemplaire en PAPIER VÉLIN orné de 3 portraits et de 48 jolies figures de *Moreau le jeune*, gravés par *Baquoy, Dambrun, Delvaux, Dupréel, Le Mire*, etc. — Bel exemplaire.

237. **Giostra** corsa in Torino addi XXI febraio 1839, nel passagio di sua altezza imperiale e reale Alessandro, gran-duca, principe imperiale di Russia. *Torino, tip. Chirio e Mina*, 1839 ; in-fol., mar. bleu, dos orné, dent. dor. et à froid, tr. dor. 45 fr.

7 planches représentant le tournoi.
Bel exemplaire aux armes et au chiffre du roi CHARLES-ALBERT de Savoie.

238. **Girard.** Traité des armes, dédié au roy, par le Sr P. J. F. Girard, ancien officier de Marine : enseignant la manière de combattre de l'épée de pointe seule, toutes les gardes étrangères, l'Espadon, les Piques, Hallebardes,

Bayonnettes au bout du fusil, fleaux brisés et bâtons à deux bouts : Ensemble à faire de bonne grâce les saluts de l'Esponton, l'exercice du fusil et celui de la grenadière, tels qu'ils se pratiquent aujourd'huy dans l'art militaire de France. Orné de figures en taille-douce. *A La Haye, chez Pierre de Hondt,* 1740; in-4 obl., bas. 120 fr.

Livre rare orné d'un frontispice avec portrait de l'auteur dessiné et gravé par *Jac. de Favannes* et 116 belles planches gravées en taille-douce.

239. **Giraudet** (Gabriel). Discours du voyage d'outre-mer au saint sepulchre de Jérusalem et autres lieux de la terre saincte. Et du mont de Sinaï, qui est ès désers d'Arabie, où Dieu donna la loi à Moyse, par Gabriel Giraudet, de la ville du Puy en Velay, prestre Hierosolymitain. *Paris, Thomas Brumen,* 1585 ; in-8, mar. rouge, dos orné, fil., tr. dor. (*Kœhler*). 275 fr.

Édition fort rare, ornée de 23 figures sur bois, d'un ouvrage intéressant et réimprimé plusieurs fois ; elle est dédiée à la reine Louise de Lorraine. En dehors du récit de voyage, on y trouve un chapitre sur le concile de Clermont, un autre sur le recouvrement des saints lieux, une pièce de vers : *Prosopopée de la terre saincte,* et une lettre (en latin) à Etienne Durant, président du tribunal de Toulouse.

Bel exemplaire réglé provenant de la bibliothèque FIRMIN-DIDOT.

240. **Godefroy** (Denys). Le Cérémonial françois contenant les cérémonies observées en France, aux sacres et couronnements des roys, reynes, et quelques anciens ducs de Normandie, d'Aquitaine et de Bretagne, etc. *Paris, Séb. Cramoisy,* 1649 ; 2 vol. in-fol., veau brun. 40 fr.

Exemplaire aux armes de Jacques-Auguste DE THOU le fils.

241. **Goldsmith.** Le Vicaire de Wakefield. Traduction nouvelle et complète par H. Gausseron. *Paris, Quantin, s. d.* (1885) ; in-8, br. 50 fr.

Un des 100 exemplaires de cette charmante édition, ornée de jolies figures en couleurs par *P.-A. Poirson*, tirées sur PAPIER DU JAPON (n° 68), et contenant une belle aquarelle de *Poirson,* peinte sur le faux-titre. Couverture conservée.

242. **Goncourt** (Ed. et J. de). Madame de Pompadour. Nouvelle édition revue et augmentée de lettres et documents inédits, illustrée de cinquante-cinq reproductions sur cuivre par Dujardin et de deux planches en couleur par Quinsac, d'après des originaux de l'époque. *Paris, Firmin-Didot,* 1888 ; gr. in-8 carré, mar. la Vallière clair, dos orné, comp. de fil. sur les plats, coins dorés à l'oiseau, tr. dor. sur fausses marges, couv. conserv., étui (*Canape*). 400 fr.

Un des 75 exemplaires numérotés sur PAPIER DU JAPON.

243. **Goncourt** (Ed. et Jules de). Madame de Pompadour. Nouvelle édition revue et augmentée de lettres et documents inédits. *Paris, Firmin-Didot,* 1888 ; in-4, demi-rel. dos et coins de mar. rouge, dos orné et mosaïqué, tête dor., *non rogné.* 35 fr.

Belle publication ornée de 55 reproductions sur cuivre et de 2 planches en couleur.

244. **Goncourt** (Ed. et J. de). L'Art du XVIIIe siècle. *Paris, Charpentier,* 1881-1882 ; 3 vol. in-12, demi-rel. dos et coins de mar. brun, dos orné, tête dor., *non rognés.* 45 fr.

L'un des 50 exemplaires tirés sur PAPIER DE HOLLANDE. Couvertures conservées.

245. **Gonse** (Louis). L'Art ancien et l'Art moderne à l'Exposition de 1878. *Paris, Quantin,* 1879 ; 2 vol. in-4, br. 20 fr.

Figures dans le texte et hors texte. Eaux-fortes.

246. **Goncourt** (Ed. et J. de). Pages retrouvées. Préface de Gustave Geffroy. *Paris, Charpentier,* 1886 ; in-12, demi-rel. dos et coins de mar. brun, tête dor., *non rogné.* (*Pouillet*). 15 fr.

ÉDITION ORIGINALE. — L'un des 50 exemplaires sur PAPIER DE HOLLANDE. Couverture conservée.

247. **Goncourt** (Ed. et J. de). Sophie Arnould d'après sa Correspondance et ses Mémoires inédits. *Paris, Charpentier,* 1885 ; in-12, demi-rel. dos et coins de mar. brun, dos orné, tête dor., *non rogné* (*Pouillet*). 15 fr.

L'un des 50 exemplaires tirés sur PAPIER DE HOLLANDE. Couverture conservée.

248. **Goncourt** (Jules de). Eaux-fortes, notice et catalogue de Philippe Burty. *Paris, librairie de*

l'Art, 1876 ; in-fol., *en feuilles*, dans un carton. 50 fr.

L'un des 200 exemplaires sur PAPIER TEINTÉ, avec planches sur papier de Hollande.

249. **Grande Ville** (La). Nouveau tableau de Paris, comique, critique et philosophique, par Ch. Paul de Kock, Balzac, A. Dumas, F. Soulié, Briffault, etc., illustrations de Gavarni, Adam, Daumier, d'Aubigny, Emy, etc. *Paris, Marescq*, 1844 ; 2 vol. in-8, *en feuilles*. 40 fr.

2 frontispices et 29 figures gravées sur bois. — Légers raccommodages à quelques feuillets.

250. **Gresset**. Ver-Vert, ou les voyages du perroquet de la Visitation de Nevers, poème héroï-comique en quatre chants. Nouvelle édition publiée par Georges d'Heylli. *Paris, Rouquette*, 1877 ; in-8, demi-rel. dos et coins de mar. vert, tête dor., *non rogné*. 15 fr.

Portrait et 4 vignettes en-têtes, par *Guillaumot père et fils*.

251. **Grisier**. Les Armes et le Duel. 3e édition, revue, corrigée et augmentée. *Paris, Dentu*, 1864 ; gr. in-8, br. 12 fr.

Portrait et figures. Etat de neuf.

252. **Grisone** (Federico). Ordini di Cavalcare, et modi di conoscere le nature de Cavalli, emandare i vitii lore, et ammaestrargli per l'uso della guerra, et commodità de gli huomini. Con le figure de diverse sorti di Morsi, secondo le bocche, et i maneggiamenti de' Cavalli. Opera nuova, et utilissima ad ogni sorte di persona di conto. Composta dal Sig. Federico Grisone... Et tutta di nuovo ricorretta, et migliorata da gli errori delle prime impresioni. *In Pesaro, appresso Bartholomeo Cesano*, 1558 ; in-4, pl., mar. brun, riches comp. dorés, tr. dor. et ciselée. (*Rel. anc.*). 500 fr.

Exemplaire précieux, couvert d'une belle reliure italienne du XVIe siècle et contenant sur les marges des notes de la main du TASSE.

253. **Guer**. Mœurs et usages des Turcs, leur religion, leur gouvernement civil, militaire et politique. *Paris, Mérigot*, 1747 ; 2 vol. in-4, veau marbré, dos orné, dent., tr. rouge. 30 fr.

28 figures de *Boucher* et *Hallé*, gravées par *Duflos*, et 26 jolis fleurons et vignettes en-têtes, gravés en taille-douce.

254. **Guichard**. De l'Ameublement et de la décoration intérieure de nos appartements. *Paris, Rouveyre*, 1880 ; in-8, br. 4 fr.

PAPIER VÉLIN.

255. **Guichard**. Funérailles et diverses manières d'ensevelir des Romains, Grecs, et autres nations, tant anciennes que modernes, descrites par Claude Guichard. *Lyon, Jean de Tournes*, 1581 ; in-4, fig., mar. vert, dos orné de coquilles et marguerites, double rangée de fil., milieux, tr. dor. (*Rel. anc.*) 350 fr.

Ouvrage orné de figures sur bois (l'une d'elles, p. 179, est signée *Cruche inv.*) et de très jolies lettrines du goût le plus parfait. Le titre est également orné d'un encadrement sur bois.

Très bel exemplaire, grand de marges, dans sa reliure originale, sur les plats de laquelle on a frappé les armes de Charles de CASTELLAN, abbé de Saint-Epvre.

256. **Guiffrey** (Jules). Inventaire général du mobilier de la couronne sous Louis XIV (1663-1715) ; *Paris, Rouam*, 1885 ; 2 vol. gr. in-8, br. 15 fr.

257. **Guimet** (Émile). Promenades japonaises. *Paris, Charpentier*, 1878-1880 ; 2 vol. in-4, demi-rel. dos et coins de mar. rouge, tête dor., *non rognés*. 20 fr.

Dessins de *Félix Regamey*.

258. **Guyon**. Les diverses leçons de Louys Guyon, d'Olois, sieur de la Nauche, Conseiller du Roy en ses finances au Lymosin, suyvans celles de Pierre Messie et du sieur de Vauprivay, divisées en cinq livres. *Lyon, Morillon*, 1610 ; pet. in-8, mar. citron, compart. de fil., entrelacs et fleurons, dos or., tr. dor. (*Anc. rel.*). 500 fr.

Très jolie reliure dorée à petits fers, dont la décoration rappelle tout à fait celle des reliures aux chiffres de Louis XIII et d'Anne d'Autriche.

259. **Halifax** (Marquis d'). Avis d'un père à sa fille. Traduit de l'anglais (par Mme G.-H. Thiroux d'Arconville). *Londres* (*Paris*, 1756) ; in-12, veau. 10 fr.

Joli frontispice et en-tête par *Gravelot*, 2 culs-de-lampe par Tarsis.

Exemplaire portant la signature du P. Valois sur le titre.

260. **Hamilton** (Antoine). Mémoires du comte de Grammont. *Paris, L. Conquet,* 1888 ; in-8, demi-rel. dos et coins de mar. rouge, dos orné, tête dor., *non rogné.* (*Champs*). 100 fr.

Portrait de l'auteur et 33 compositions de *Delort* gravées par *Boisson*.
Bel exemplaire sur PAPIER VÉLIN DU MARAIS.

261. **Haucour** (Louis d'). L'Hôtel-de-Ville de Paris à travers les siècles. *Paris, V. Giard et E. Brière,* 1900 ; gr. in-4, br. 16 fr.

Nombreuses illustrations.

262. **Henriet**. Le Paysagiste aux Champs. *Paris, A. Lévy,* 1876 ; gr. in-8, cart. toile, tête dor., *non rogné.* 12 fr.

Nombreuses eaux-fortes hors texte, par *Corot. Daubigny, Lalanne, Lhermitte, Harpignies, Veyrassat* et autres.
L'un des 135 exemplaires sur GRAND PAPIER TEINTÉ.

263. **Histoire** de l'Ancien et du Nouveau Testament représentée en 586 figures, avec un discours abrégé (par Rondet) au bas de chaque figure qui en explique le sujet. *Paris, Hérissant,* 1771 ; in-8, veau. 10 fr.

Les figures de cet ouvrage sont de plusieurs artistes, mais principalement de Pierre et Nicolas le Sueur.

264. **Histoire** des imaginations extravagantes de M. Oufle, servant de préservatif contre la lecture des livres qui traitent de la magie, du grimoire, etc. *Paris, Duchesne,* 1754 ; 5 part. en 2 vol. in-12, demi-rel. chagr. rouge, dos orné, tr. marbr. 20 fr.

Ouvrage enrichi de nombreuses figures. L'une d'elles représente le Sabbat. Bel exemplaire.

265. **Histoire des quatre fils Aymon**, très nobles et très vaillants chevaliers. Illustrée de compositions en couleurs par Eugène Grasset. Gravures et impression par Charles Gillot. Introduction et notes par Charles Marcilly. *Paris, H. Launette,* 1883 ; gr. in-8 carré, mar. noir, large bordure à compart. de mosaïque de mar. bleu, vert, rouge, et la Vallière, milieu orné d'attributs mosaïqués, ornem. de fleurs et de feuillages également mosaïqués sur l'autre plat, doubl. et gardes de soie br., tr. dor., couv. conservée, étui. (*Canape*). 1000 fr.

Un des 100 exemplaires numérotés sur PAPIER DU JAPON dans une splendide reliure de Canape.

266. **Histoire romaine**. Neuwe civische figuren, darinnen die gantze Romische historien kunstlich begriffen und angezeigt. Geordnet und gestellt durch den fürtreffliehen und kunstreichen Johan Bockspergen, den jungern, und mit sonderm steisz nach gerissen durch den auch kunstreichen und wolerfarnen Josz Amman von Zurnch Nachmals mit Teutschen Reimen kurtz begriffen und erklärt, durch Heinrich Peter Rebenstock. *Gedruckt zu Frankfurt am Mayn,* 1573 ; in-4 oblong, fig. vélin. 120 fr.

107 planches gravées sur bois d'après les dessins de *Jost Amman*, et représentant les principaux événements de l'histoire romaine.

267. **Historiæ sacræ.** Novi Testamenti elegantissimis iconibus expressæ a variis hujus ac superioris seculi pictoribus atque sculptoribus Edente Nicolao Johannis Piscatore. *S. l. n. d.;* in-fol. oblong, chagrin brun. (*Rel. anc.*). 150 fr.

Recueil de 200 belles planches sur cuivre de *Hecenskerck, de Vos, Ambr. Franco, Muller, Collaert, Stradan,* publiées par Visscher.

268. **Holbein**. Œuvre de Jean Holbein ou Recueil de gravures d'après les plus beaux ouvrages de ce fameux peintre, publié par Chrétien de Mechel. *Basle, Guillaume Haas,* 1780-1795 ; 4 parties en un vol. pet. in-fol. demi-rel. chagrin brun, tr. jasp. 100 fr.

La Danse des morts. — La Passion de Notre-Seigneur. — Costumes d'hommes et de femmes du XVIe siècle. — Portraits.

269. **Horæ beatæ Mariæ Virginis**. *S. l. n. d.;* in-16, mar. rouge, double fil., tr. dor. (*Rel. anc.*). 1.500 fr.

Petit et précieux manuscrit français exécuté vers la moitié du XVIe siècle. Il est formé de 186 feuillets de vélin fin et offre par la composition de ses QUATORZE MINIATURES, entourées de bordures à fond d'or, semées de fleurs, de fruits et d'insectes, un des plus charmants spécimens de l'Art de la Renaissance. L'enlumineur s'est évidemment inspiré des plus grands maîtres de l'époque, et l'influence de l'école de Raphaël se fait particulièrement sentir dans la conception comme dans le coloris des sujets choisis. Remarquons entre autres « le Couronnement de la Vierge », véritable petit chef-d'œuvre de grâce par l'exquise finesse de son exécution, et plusieurs autres miniatures traitées en fonds obscurs qui méritent également d'attirer l'attention.

L'ornementation se complète par un grand nombre de lettres ornées, décorées par de jolies fleurettes variées, et par une multitude de fins de lignes en or et en couleurs.

270. **Livre d'heures du XVe siècle.** *S. l. n. d.*; in-8, soie verte, tr. dor. 700 fr.

Curieux manuscrit exécuté en France dans la première moitié du XVe siècle. Il se compose de 128 ff. de vélin ornementés d'un très grand nombre de lettrines rubriquées en or et en couleurs, de QUATORZE GRANDES MINIATURES : *Crucifixion, Pentecôte, Vierge à l'enfant. Salutation angélique, Visitation, Nativité, Annonciation aux bergers, Adoration des Mages, Circoncision, Fuite en Egypte, Office des Morts*, etc., et de 8 petites compositions ayant pour sujets *une Mater dolorosa, S. Jean, S. Sébastien, S. Adrien, S. Antoine, Ste Barbe, Ste Catherine et Ste Marie-Magdelaine*. Tous les grands sujets sont entourés par de très belles bordures à rinceaux de couleurs, répétées sur le feuillet latéral suivant. La plupart de ces bordures portent dans leur partie inférieure le blason du possesseur primitif: *D'azur à un oiseau d'argent (?) enserrant un écot de sinople*. Quelques-uns de ces entourages ont été quelque peu altérés par le temps.

271. **Horæ in Laudem Beatissimæ Virginis Mariæ** ad usum Romanum. Accesserunt denuo aliquot suffragia. *Lugd., apud Guilel. Rovillium*, 1550; in-8 de 176 ff. réglés, veau fauve, dos orné, entrelacs dorés et peints, tr. ciselée et dor. (*Rel. anc.*). 1000 fr.

Ces heures, exécutées à Lyon par Mathias Bonhomme, sont illustrées à toutes leurs pages de curieux encadrements gravés sur bois dont la plupart portent le monogramme P. V., ils sont formés de cariatides et d'enroulements aussi riches que variés, se retrouvant dans les « Emblèmes d'Alciat » publiés à la même époque. Les 14 grandes figures qui complètent l'ornementation de ce beau volume ont été certainement exécutées par l'un des artistes attitrés de la célèbre officine lyonnaise, par *Jean Moni*.

Très bel exemplaire dans une riche reliure du XVIe siècle, contemporaine de la publication du livre.

272. **Horace.** Q. Horatii Flacci Carmina expurgata. Cum adnotationibus ac perpetua interpretatione Josephi Juvencii. *Parisiis, J. Barbou*, 1754 ; 3 vol. in-12, front., mar. rouge, dos orné, fil., tr. dor. (*Rel. anc.*) 100 fr.

Bel exemplaire aux ARMES ROYALES.

273. **Horsin-Déon** (Léon). Histoire de l'art en France depuis les temps les plus reculés jusqu'au XIVe siècle. *Paris, Laurens*, s. d. ; in-8, br. 3 fr.

274. **Hozier.** Armorial général ou registre de la noblesse de France, par Louis Pierre d'Hozier et d'Hozier de Sérigny, juge d'armes de France. Reproduction textuelle de l'édition originale de 1738-1768. *Paris*, 1866 ; 25 vol. in-4, br. 180 fr.

275. **Hugo** (Victor). Hernani, drame en cinq actes. Un portrait d'après Devéria et quinze compositions de Michelena gravés à l'eau-forte par Boisson. *Paris, L. Conquet*, 1890 ; gr. in-8, demi-rel. dos et coins de mar. brun à grains longs, dos orné, tête dor., *non rogné* (*Champs*). 100 fr.

L'un des 350 exemplaires sur PAPIER VÉLIN DU MARAIS.

276. **Hugo** (Victor). Les Orientales. *Paris, Ch. Gosselin*, 1829 ; in-8, demi-rel. bas., éb., *non rogné*. 100 fr.

ÉDITION ORIGINALE. Frontispice sur Chine.

277. **Imbert.** Le Jugement de Pâris, poëme en IV chants. *Amsterdam* (*Paris*), 1772 ; in-8, veau. 20 fr.

Titre dessiné et gravé par *Moreau le jeune*, 4 figures par le même, gravées par *Née, Duclos, Masquelier* et *Delaunay* ; en-têtes par *Choffard*.

A la suite des Œuvres mêlées, le Bouquet de l'amitié, les pièces fugitives et les fables, ainsi que le Temple de Guide mis en vers par M. Colardeau. *Paris*, 1773.

278. **Imitation.** Le Liure très salutaire de l'Imitation de nostre Seigneur Jhesucrist et du parfait contennement de ce miserable monde nommé en latin de Imitatione Christi (A la fin :) *Cy finist ce present livre imprimé à Paris par la Vve de feu Jehan Trepperel et Jehan Johannot*, s. d. ; pet. in-4 goth. de 78 ff. à 2 col., mar. violet, fil. à froid, doublé de mar. vert, largedent., tr. dor. (*Cocheu*) 180 fr.

Bel exemplaire, provenant de la bibliothèque LUZARCHES, dont la devise et l'allégorie décorent les plats de la reliure.

279. **Jacquemart** et **Le Blant**. Histoire artistique, industrielle et commerciale de la Porcelaine, accompagnée de recherches sur les sujets et emblèmes qui la décorent, les marques et inscriptions qui font reconnaître les fabriques d'où elle sort. *Paris, Techener*, 1862 ; petit in-fol., vélin à recouvrement, tête dor., *non rogné*. 80 fr.

Ouvrage épuisé et rare enrichi de 26 eaux-fortes par *Jules Jacquemart*.

280. **Jardins**. Traité de la composition et de l'ornement des Jardins, avec 161 pl. représentant en plus de 600 figures, des plans de jardins, des fabriques propres à leur décoration et des machines pour élever les eaux. Cinquième édition. *Paris, Audot*, 1839 ; 2 vol. pet. in-4, texte et pl., demi-rel. bas. 15 fr.

161 planches gravées sur cuivre.

281. **Jaume Saint-Hilaire**. Plantes de la France, décrites et peintes d'après nature, par Jaume Saint-Hilaire. *Paris, l'auteur*, 1808-1809; 4 vol. in-4, veau racine, dos orné, dent., tr. marbr. 150 fr.

400 planches coloriées.

282. **Jean d'Arras**. Melusine nouvellement imprimee a Paris. (A la fin :) *Cy finist Lhytoire de Melusine nouvellement imprimee a Paris. Et fut achevee le xiiii daoust l'an 1517, par Michel le Noir, libraire jure en l'universite de Paris ;* pet. in-4 goth. de 100 ff., mar. Lavallière, dos orné, comp. de fil. droits et courbes, fers azurés, tr. dor. (*Capé*). 500 fr.

Édition extrêmemnt rare, le premier feuillet est orné d'une curieuse figure sur bois, répétée au recto du dernier feuillet, représentant la métamorphose de Mélusine. Bel exemplaire dans une jolie reliure imitée du XVIe siècle.

283. **Jérôme** (Saint). Beati Hieronymi Epistolas. *In urbe Parmensi diligenter et emendatum et impressum est. Anno* 1480, *idibus Maiis;* 2 vol. in-fol., basane. 300 fr.

Bel et rare incunable imprimé à longues lignes et en caractères ronds, comprenant 252 ff. non chiffr. pour le 1er volume et 329 pour le second.

Toutes les lettrines des alinéas ont été enluminées et le 1er f. de chaque volume porte les armes peintes d'un membre de la famille Visconti de Milan.

Quelques piqûres des vers et légères déchirures.

284. **Joly**. Costumes des principaux artistes des divers théâtres de Paris dessinés par Joly. *Paris, Martinet*, s. d. ; 5 vol. in-8, demi-rel. chagrin rouge, *non rognés*. 500 fr.

Très bel exemplaire, contenant 500 planches coloriées.

285. **Jourdain** et **Duval**. Les Stalles de la cathédrale d'Amiens. *Amiens, typ. Duval et Herment*, 1843 ; in-8, demi-rel. chagr. brun, plats toile, tr. rouge. 25 fr.

18 planches en taille-douce. — Taches de rousseur.

286. **Julien** (l'Empereur). Œuvres complètes de l'Empereur Julien, traduites, pour la première fois, du grec en français, accompagnées d'argumens et de notes par R. Tourlet. *Paris*, 1821 ; 3 vol. in-8, demi-rel. bas., dos orné. 10 fr.

287. **Julyot** (Ferry). Les Élégies de la belle Fille, lamentant sa virginité perdue. Réimpression complète publiée d'après l'édition originale de 1557. *Paris, Léon Willem*, 1873 ; pet. in-8, br. 10 fr.

L'un des 25 exemplaires tirés sur papier de Chine.

288. **Juvenalis** familiare commentum cum Antonii Mancinelli viri eruditissimi explanatione (In fine :) *Impressum est hoc opus rursus in edibus Ascensianis apud Parrhisios impensis Joannis Megane, Joannis Waterlosce et Jodoci Horenweghe flandorum, anno salutis christiane* 1505 *ad nonas Martias ;* in-4 goth. de 6 et 253 ff., veau. 30 fr.

Édition parisienne, imprimée par Josse Bade.

Signatures au début et à la fin du volume.

289. **Keepsake** (Nouveau) français. Souvenir de littérature contemporaine. *Paris, Louis Janet*, s. d. (1835) ; in-18, cart. soie bleue, tr. dor., étui. 15 fr.

Portraits et gravures sur acier.

290. **Krudener** (Mme de). Valérie. Préface de Parisot. Eaux-fortes de M. Leloir. Variantes et bibliographie. *Paris, Quantin*, 1878 ; in-8, portr. et fig., mar. olive, dos orné, fil., tête dor., éb. (*Chambolle-Duru*). 50 fr.

Texte encadré d'un filet rouge. Bel exemplaire.

291. **La Barre de Beaumarchais.** Le Temple des Muses, orné de LX tableaux où sont représentés les événements les plus remarquables de l'antiquité fabuleuse, dessinés et gravés par B. Picart, le Romain ; et accompagnés de descriptions et de remarques. *Amsterdam, Zacharie Chatelain*, 1733 ; in-fol., pl., mar. rouge, dos orné, fil., tr. dor. (*Rel. anc.*). 75 fr.

292. **Labyrinte** de Versailles. *Paris, impr. royale*, 1679 ; in-8, veau granit (*Rel. anc.*). 70 fr.

41 planches de *Sébastien Le Clerc* gravées sur cuivre accompagnées de fables en vers par Benserade et d'une explication des figures du Labyrinthe, tirées des fables d'Esope, par Charles Perrault.

293. **Labyrinthe de Versailles.** *Suivant la copie de Paris, La Haye, Rutgert Alberts*, 1724 ; pet. in-4 oblong, mar. la Vallière jans., éb. (*Allô*). 70 fr.

Édition ornée de 40 planches inspirées de celles de *Sébastien Le Clerc* et accompagnées des fables de Benserade.

Bel exemplaire, très grand de marges, aux armes du baron de MARESCOT.

294. **La Chenaye Desbois** (de). Dictionnaire de la noblesse, tome XIII : Recueil de Généalogies. *Paris, Lamy*, 1783 ; in-4, veau. 30 fr.

Ce premier recueil, rédigé par Badiez, forme un tout complet servant de suite au Dictionnaire de la Noblesse.

295. **Laclos** (Choderlos de). Les Liaisons dangereuses. Lettres recueillies dans une société et publiées pour l'instruction de quelques autres par C*** de L***. *Londres* (*Paris*), 1796 ; 2 vol. in-8, veau marbr., dos orné, fil. (*Rel. anc.*). 75 fr.

PREMIÈRE ÉDITION sous cette date, illustrée de 15 figures de *Monnet* et de *Mlle Gérard*.

Quelques taches.

296. **La Fargue** (de). Nouvelles Œuvres. *A Londres et se trouve à Paris, chez Couturier père*, 1774 ; in-8, veau marbré. 12 fr.

Cinq planches et six charmantes vignettes en tête des chapitres par Bidault, gravées par Lingée, Le Roy, de Lignon, Billé et Châtelain.

297. **La Fizelière, Champfleury et Henriet.** La Vie et l'œuvre de Chintreuil. *Paris, Cadart*, 1874 ; pet. in-fol., br. 18 fr.

40 eaux-fortes par *Martial, Beauverie, Taiée, Ad. Lalauze, Saffray*. Tiré à 260 exemplaires et publié à 35 fr.

298. **La Fontaine.** Les Amours de Psiché et de Cupidon. *Paris, Barbin*, 1669 ; in-8, mar. rouge, fil., dos orné, dent. int., tr. dor. (*Anc. rel.*). 450 fr.

ÉDITION ORIGINALE.

299. **La Fontaine.** Les Amours de Psyché et de Cupidon suivies d'Adonis, poëme. Nouvelle édition, ornée de 26 figures de Borel, gravées en couleurs par Vigna-Vigneron. *Paris, Théophile Belin*, 1899 ; 2 vol. gr. in-8, cart., *non rog*. 600 fr.

Tiré à 250 exemplaires.

Les figures sont en trois états : eaux-fortes pures, planches noires terminées et planches imprimées en couleurs SANS AUCUNE RETOUCHE.

300. **La Fontaine.** Contes et nouvelles en vers, par M. de La Fontaine. *Amsterdam* (*Paris*), 1764 ; 2 tomes en un vol. in-8, portr. et fig., mar. bleu, dos orné, fil., tr. dor. (*Reyman*). 140 fr.

Réimpression de l'édition dite des *Fermiers généraux*.

301. **La Fontaine.** Contes et nouvelles en vers par Jean de la Fontaine. *S. l.* (*Paris*), 1777 ; 2 vol. in-8, veau, dos orné, dent., tr. marb. (*Lesné*). 120 fr.

Édition faite à l'imitation de celle des Fermiers généraux ; elle est illustrée de 2 frontispices de *Vidal*, de 2 fleurons de titre, du portrait de La Fontaine gravé par *Macret*, de 43 culs-de-lampe et de 80 figures d'après celles d'*Eisen*.

Bel exemplaire.

302. **La Fontaine.** Contes et nouvelles en vers, par Jean de La Fontaine. *Paris, de l'impr. de P. Didot l'aîné, l'an III*, 1795 ; 2 vol. in-4, demi-rel. chagr. bleu, tr. marbrée. 350 fr.

Bel exemplaire avec les 20 figures de *Fragonard, Mallet* et *Touzé*, en bonnes épreuves.

303. **La Fontaine.** Fables choisies de La Fontaine, ornées de figures lithographiques, de MM. Carle Vernet, Horace Vernet et Hippolyte Lecomte. *Paris, Engelmann*, 1818 ; gr. in-4 oblong, demi-rel. chagr. vert, dos orné. 50 fr.

85 lithographies.

304. **La Fontaine.** Fables de La Fontaine, illustrées par Grandville.

Paris, Furne, 1842-1843 ; 2 vol. in-8, demi-rel. dos et coins de mar. rouge. 20 fr.

Figures de *Granville.*

305. **La Fontaine.** Œuvres de J. de La Fontaine, d'après les textes originaux, suivies d'une notice sur sa vie et ses ouvrages, d'une étude bibliographique, de notes, de variantes et d'un glossaire par Alphonse Pauly. *Paris, Alphonse Lemerre,* 1875-1891 ; 7 vol. in-8, portr., br., couv. 90 fr.

Fables, 2 vol; — Contes, Psyché, Lettres, 2 vol. — Théâtre, Poésies diverses, 2 vol. — Notice, Bibliographie, Notes et Variantes, Lexique, 1 vol.

L'un des 25 exemplaires sur PAPIER DE CHINE, avec le double portrait de La Fontaine tiré avant la lettre, en noir et en sanguine.

306. **La Grange.** Œuvres meslées. *La Haye, Ch. le Vier,* 1724 ; in-12, veau. 8 fr.

Jolis en-têtes gravés par *Bleyswyk.*

307. **La Marche** (Olivier de). Livre des Duels, autrement intitulé l'advis de gage de bataille, auquel se traite de la façon dont usoient les anciens françois à demesler leurs querelles en champ clos. *Paris, Jean Richer,* 1586 ; pet. in-8, veau fauve, fil., tr. dor. (*Thouvenin*). 80 fr.

Très bel exemplaire d'un livre rare, ayant appartenu à l'académicien Ballesdens qui a apposé sa signature sur le titre.

308. **Lamy** (Étienne). La France du Levant. *Paris, Plon,* 1900 ; in-8, br. 4 fr.

309. **Lanessan** (J.-L. de). L'Indo-Chine française. Etude politique, économique et administrative sur la Cochinchine, le Cambodge, l'Annam et le Tonkin. *Paris, Alcan,* 1889 ; in-8, br. 7 fr.

5 cartes en couleurs hors texte.

310. **Lanthois.** Théorie nouvelle de la phtisie pulmonaire. *Paris, Egron,* 1818 ; in-8, mar. rouge, dent., dos orné, tr. dor. (*Anc. rel.*). 70 fr.

Exemplaires aux armes de la DUCHESSE D'ANGOULÊME.

311. **La Rue** (l'abbé de). Essais historiques sur les bardes, les jongleurs et les trouvères normands et anglo-normands. *Caen, Mancel,* 1834 ; 3 vol. gr. in-8, cart., *non rognés.* 60 fr.

Exemplaire en GRAND PAPIER VÉLIN.

312. **La Rue** (Gerv. de). Essais historiques sur les Bardes, les jongleurs et les trouvères normands et anglo-normands, suivis de pièces de Malherbe, qu'on ne trouve dans aucune édition de ses œuvres, par M. l'abbé de la Rue. *Caen, Mancel,* 1834 ; 3 vol. gr. in-8, mar. vert, dos orné, fil., tr. dor. (*Bauzonnet*). 100 fr.

Très bel exemplaire en GRAND PAPIER VÉLIN, dans une excellente reliure de Bauzonnet.

313. **Lecoy de la Marche.** Saint-Martin, par A. Lecoy de la Marche. *Tours, Alfr. Mame,* 1881 ; in-4, front. et pl., mar. rouge jans., tr. dor. (*David*). 90 fr.

Un des 200 exemplaires sur PAPIER VERGÉ. Très belles illustrations en noir et en chromolithographie, tirées sur PAPIER DE CHINE.

314. **Lehmann** (Henri). Galerie des fêtes de l'Hôtel-de-Ville de Paris. Peintures murales exécutées en 1853 et gravées par Levasseur, Dubouchet, Danguin et Morse. *Paris, Dusacq, s. d.* ; in-plano, *en feuilles.* 35 fr.

28 planches avec titre et table. Cette série d'estampes donne la décoration de la salle des fêtes détruite par l'incendie de 1871.

315. **Lemoyne** (André). Œuvres de André Lemoyne. *Paris, Alphonse Lemerre,* 1871-1886 ; 4 vol. pet. in-12, portr., br. 40 fr.

Poésies, 3 vol. — Une Idylle normande : le Moulin des Prés ; Alise d'Evran.

L'un des 20 exemplaires sur PAPIER DE CHINE.

316. **Le Nail.** Le Château de Blois. (Extérieur et intérieur). Ensemble et détails. — Sculpture ornementale. — Décorations peintes. — Cheminées. — Tentures. — Plafonds. — Carrelages. Texte historique et descriptif par E. Le Nail. *Paris, Ducher,* 1875 ; in-fol., *en feuilles,* dans un carton. 90 fr.

60 planches photographiques ou en chromolithographie. — Publié à 180 fr.

317. **Lenglet du Fresnoy.** Histoire de Jeanne d'Arc, dite la Pucelle d'Orléans. *Amsterdam, par la Compagnie,* 1775 ; 3 tomes en un vol. in-12, portr., mar. rouge jans., tr. dor. (*David*). 50 fr.

Bel exemplaire.

318. **Le Noble** (Alexandre). Histoire du Sacre et du couronnement des Rois et Reines de France. *Paris*, 1825 ; in-8, front., br. 10 fr.

319. **Le Roux de Lincy**. Recherches sur Jean Grolier. *Paris, Potier*, 1866 ; gr. in-8, et atlas, br. 12 fr.

Ouvrage le plus complet qui ait été publié sur le célèbre bibliophile lyonnais. Planches en couleur.

320. **Leroy** (André). Dictionnaire de Pomologie, contenant l'histoire, la description, la figure des fruits anciens et des fruits modernes les plus généralement connus et cultivés. *Paris, Goin*, 1879 ; 6 vol. gr. in-8, portr., br. 40 fr.

321. **Le Roy**. Les Ruines des plus beaux monuments de la Grèce. *Paris, Delatour*, 1770 ; 2 tomes en 1 vol. in-fol., veau marbr., dos orné, tr. dor. 75 fr.

61 planches dessinées par *Le Roy* gravées par *Le Bas*.

322. **Leroy-Beaulieu** (Paul). L'Algérie et la Tunisie. *Paris, Guillaumin et Cie*, 1897 ; in-8, br. 4 fr.

323. **Le Sage**. Le Diable boiteux, par Le Sage. *Paris, Jouaust*, 1868 ; in-8, mar. rouge, dos orné, fil., tr. dor. (*Chambolle-Duru*). 60 fr.

Un des 20 exemplaires tirés sur PAPIER DE CHINE. De la collection des « Romans classiques du XVIIIe siècle, publiés par G. d'Heilly et F. Stecnackers. » Rare.

324. **Le Vayer de Boutigny**. Tarsis et Zélie. Nouvelle édition. *Paris, Musier fils*, 1774 ; in-8, front. et fig., demi-rel. dos et coins de mar. brun, tête dor., *non rognés*. 60 fr.

Ouvrage très joliment illustré de 3 frontispices par *Cochin, Moreau* et *Eisen*, de 3 fleurons de titre par *Née*, et de 20 vignettes en-têtes par *Eisen*.

325. **Lièvre** (Edouard). Musée Impérial du Louvre. Collection Sauvageot dessinée et gravée à l'eau-forte, par Édouard Lièvre, accompagnée d'un texte historique et descriptif par A. Sauzay. *Paris, Nobet et Baudry*, 1863 ; in-fol., en feuilles dans un carton. 75 fr.

Belle publication artistique, illustrée de 120 planches à l'eau-forte tirées sur Chine.

326. **Lintot** (Mme de). Histoire de Mademoiselle de Salens par Madame ***. *La Haye, Neaulme*, 1760 ; 2 vol. in-12, mar. rouge, fil., dos ornés, tr. dor. (*Anc. rel.*). 175 fr.

Bel exemplaire avec les armoiries de la famille BOULOGNE, de Champagne.

327. **Livre** (le), revue mensuelle. Bibliographie ancienne. — Bibliographie moderne. *Paris, Quantin*, 1880-1887 ; 16 vol. in-4, cart., *non rognés*. 150 fr.

Belles et nombreuses illustrations.
Revue rédigée sous la savante direction de M. Octave Uzanne, avec beaucoup de soin et d'érudition par les écrivains les plus compétents de notre époque dans la science bibliographique.
Bel exemplaire.

328. **Livre d'or** (Le) du Salon de peinture et de sculpture. Catalogue descriptif des œuvres récompensées et des principales œuvres hors concours. Rédigé par Georges Lafenestre. *Paris, Libr. des Bibliophiles*, 1879-1891 ; 13 vol. in-4, pl., demi-rel. mar. rouge, *non rognés*. 180 fr.

Très bel exemplaire sur PAPIER DE HOLLANDE, contenant 192 planches AVANT LA LETTRE, gravées à l'eau-forte par *Boilvin, Courtry, Duvivier, Flameng, Gaucherel*, etc., etc., sous la direction de *Edmond Hédouin*.
Cette collection artistique, tirée à cent exemplaires seulement sur ce papier, est et restera un des plus intéressants documents sur les manifestations de l'art à la fin du XIXe siècle.

329. **Lobineau**. Les Vies des Saints de Bretagne, et des personnes d'une éminente piété qui ont vécu dans la même province. Par dom Gui-Alexis Lobineau. Enrichies de figures en taille-douce. *Rennes, comp. des imprimeurs-libraires*, 1724 ; in-fol., demi-rel. veau. 45 fr.

Bel exemplaire.

330. **Lonicerus**. Venatus et aucupium iconibus artificioss. ad vivum expressa, et succinctis versibus illustrata, per J. A. Lonicerum. Ad calcem vero adjunximus poetas tres egregios gratium qui Augusto Principe floruit de Venatione, M. Aurelium Olympium Nemesianum, qui Cynegetica scripsit, et Joannes Darcæum Venusinum de canibus. *Francoforti, impensis Sigismundi Feierabendii*, 1582 ; in-4, basane noire, tr. dor. (*Rel. anc.*). 275 fr.

Livre rare orné de 40 figures, scènes de chasse, gravées sur bois, d'après *Jost*

Ammam. Piqûre de vers dans la marge du bas.

331. **Lorris.** Le Roman de la Rose. Revu sur plusieurs éditions et sur quelques anciens manuscrits. Accompagné de plusieurs autres ouvrages, d'une préface, de notes et d'un glossaire (par Lenglet-Dufresnoy). *Amsterdam, J. Bernard*, 1735 ; 3 vol. in-12, mar. vert, dos orné, fil., tr. dor. (*Rel. anc.*). 50 fr.

332. **Lostelneau.** Le Mareschal de Bataille contenant le maniement des armes, les évolutions, plusieurs bataillons tant contre l'infanterie que contre la cavalerie ; divers ordres de bataille ; avec un bref discours sur les considérations que doit avoir un souverain avant de commencer la guerre, et un abrégé des functions de généraux d'armes, de mareschaux de camp et autres principales charges d'icelles, et recueilly par le sieur de Lostelneau. *Paris, de l'impr. d'Estienne Mignon, chez Toussainct Quinet*, 1647 ; in-fol. mar. rouge, dos orné, fil. à la Du Seuil, tr. dor. (*Capé*). 250 fr.

Bel exemplaire de ce livre curieux et recherché, orné de belles planches gravées sur cuivre.

333. **Louandre.** Les Arts somptuaires. Histoire du Costume et de l'Ameublement et des arts et industries qui s'y rattachent ; sous la direction de Hangard-Maugé. Introduction et texte explicatif par Charles Louandre. *Paris, Hangard-Maugé*, 1857-1858 ; 2 vol. de texte et 2 vol. de pl. in-4, demi-rel. dos et coins de mar. rouge, tête dor., *non rognés*. 300 fr.

Les 300 planches de cet ouvrage, exécutées en chromolithographie, d'après les dessins de *Ciappori*, reproduisent, d'une manière anssi parfaite que rigoureuse, les documents les plus typiques des Arts, aux diverses époques de notre Histoire. Les nombreux fac-similés de manuscrits enluminés offrent surtout un grand intérêt pour la manifestation de l'art du miniaturiste au moyen âge et à l'époque de la Renaissance.

Très bel exemplaire.

334. **Lupi.** Epistolæ et vita divi Thomæ martyris et archiepiscopi Cantuariensis. Nec non epistolæ Alexandri III pontificis, Galliæ regis Ludovici septimi. Opera et studio F. Christiani Lupi, Iprensis. *Bruxellis, typ. E. H. Fricx*, 1682 ; 2 vol. in-4, mar. rouge, dos orné, fil., (*Rel. anc.*). 150 fr.

Bel exemplaire aux armes et au chiffre de J.-B. Colbert.

335. **Luthmer** (Ferdinand). Joaillerie de la Renaissance, d'après des originaux et des tableaux du XVe au XVIIIe siècle. *Paris, Quantin* ; pet. in-fol., *en feuilles* dans un carton. 40 fr.

Album contenant un texte illustré de gravures et 30 planches hors texte en taille-douce et en chromolithographie, reproduisant plus de 150 sujets. Publié à 100 fr.

336. **Magnières** (Cte de). Essai de finance. *Paris, Bastien*, 1775 ; in-8, mar. rouge, filets, dos orné, dent. int., tr. dor. (*Rel. anc.*). 100 fr.

Bel exemplaire aux armes du duc de Berry.

337. **Magny** (Olivier de). Les Amours d'Olivier de Magny Quercinois. et quelques Odes de luy. Ensemble un recueil d'aucunes œuvres de Monsieur Salel, abbé de Saint-Cheron non encore veues. *A Paris, par Estienne Groulleau*, 1553 ; in-8 de 8 ff. lim. et 84 ff. chiffr. (le dernier blanc), veau, dos orné, fil. (*Rel. anc.*). 400 fr.

Très bel exemplaire, dans son ancienne reliure, de ce très rare volume dont le deuxième f. lim. est occupé au r° par le charmant portrait, gravé sur bois, de la Castianire, la célèbre et trop insensible maîtresse du poète.

338. **Mahérault.** L'Œuvre de Moreau le Jeune. Catalogue raisonné et descriptif avec notes iconographiques et bibliographiques. *Paris, Labitte*, 1880 ; in-8, br. 16 fr.

Portrait de l'auteur par *Le Rat*.

339. **Maillard** (Olivier). Sermones latine. *Parisiis, Jehan Petit*, 1506-1512 ; 4 vol. in-8, goth., à deux col., veau fauve, dos orné, fil. (*Rel. anc.*). 100 fr.

Sermones de Sanctis per totum anni circulum. — Sermones de Adventu declamati Parisiis. — Quadragesimale opus declamatum Parisiorum urbe. — Opus quadragesimale in civitate Nanetensi declamatum. — Feria VI de Passione sermo. — Sermones dominicales una cum aliquibus aliis.

340. **Manne** (Ed. de). Galerie historique des comédiens français de la troupe de Voltaire, avec détails biographiques inédits, recueillis

sur chacun d'eux, par de Manne. *Lyon, Scheuring*, 1877 ; in-8, *broché*. 15 fr.

47 portraits gravés à l'eau-forte par *H. Lefort*. Publié à 50 francs.

341. **Mantz** (Paul). Les Chefs-d'Œuvre de la Peinture italienne. *Paris, Firmin-Didot*, 1870 ; in-fol., cart. toile (*Rel. de l'édit.*) 30 fr.

Ouvrage contenant 20 planches chromolithographiques exécutées par *F. Kellerhoven*, 30 planches sur bois et 40 culs-de-lampe et lettres ornées.

342. **Marchangy**. Tristan le voyageur, ou la France au XVIe siècle. Seconde édition. *Paris, Urbain Canel*, 1825-1826 ; 6 vol. in-8, br. 12 fr.

343. **Marchangy**. La Gaule poétique, ou l'Histoire de France considérée dans ses rapports avec la Poésie, l'Eloquence et les Beaux-Arts, par M. de Marchangy. Troisième édition, revue, corrigée et augmentée. *Paris, Patris*, 1819 ; 8 vol. in-8, demi-rel. veau, dos orné. 25 fr.

344. **Marconville** (Jehan de). De l'heur et malheur de mariage. Ensemble les loix connubiables de Plutarque, traduictes en françois, par Jehan de Marconville, gentil'-homme percheron, revues et augmentées. *Paris, pour Jean Dallier*, 1571 ; in-8, mar. rouge jans., dent. int., tr. dor. (*Hardy*). 75 fr.

Bel exemplaire, d'un traité recherché.

345. **Maréchal** (Sylvain). Dictionnaire des Athées anciens et modernes. Deuxième édition augmentée des suppléments de J. Lalande, de plusieurs articles inédits, et d'une notice nouvelle sur Maréchal et ses ouvrages, par J. B. L. Germond. *Bruxelles*, 1833 ; in-8, br. 10 fr.

346. **Marguerite de Valois**. L'Heptaméron des Nouvelles de Marguerite d'Angoulême, reine de Navarre, publié sur les manuscrits par les soins et avec les notes de MM. Le Roux de Lincy et Anatole de Montaiglon. *Paris, Aug. Eudes*, 1880 ; 4 vol. in-8, front., portr. et fig., *brochés*. 75 fr.

Figures de *Freudenberg*.

347. **Marmontel**. La Neuvaine de Cythère. Avec notice par M. Charles Monselet. *Paris, Barraud*, 1879 ; in-8, br. 10 fr.

Portrait de l'auteur et 9 vignettes en tête par *Fesquet*.

PAPIER DE CHINE tiré à 135 exemplaires.

348. **Marot** (Clément). Les Œuvres. *La Haye, Ad. Moetjens*, 1700 ; 2 vol. pet. in-12, veau, dos orné (*Rel. anc.*). 40 fr.

Très jolie édition se joignant aux Elzeviers. Haut. 128 millim.

349. **Marottes** à vendre ou Triboulet tabletier, dont la Gibecière, après avoir été égarée pendant plusieurs siècles nous est enfin heureusement parvenue munie d'un rare assemblage de hochets, breloques, colifichets et babioles. *Au Parnasse burlesque, ex officina de la banque du bel esprit* (*Londres, Harding et Wright*, 1812) ; in-12, veau, dos orné, fil. 10 fr.

PAPIER VÉLIN.

— Le même (*Londres*, 1812) ; in-12, cart. *non rogné*. 10 fr.

350. **Martin** (Henry). La Vieille Fronde (1648). *Paris, Vve Ch. Bechet*, 1832 ; in-8, br., couv. 3 fr.

Vignette de *T. Johannot* sur le titre.

351. **Masseville**. Histoire sommaire de Normandie, par le Sr de Masseville. *Rouen, Ferrand et Maury*, 1698-1704 ; 6 vol. in-12, veau. 10 fr.

352. **Mauriceau** (Fr.). Des Maladies des femmes grosses et accouchées, avec la bonne et véritable méthode de les bien aider dans leurs accouchements naturels. *Paris, Hénault*, 1668 ; in-4, fig., veau. 35 fr.

Reliure fatiguée. — Quelques taches.

353. **Maynard** (l'Abbé). La Sainte-Vierge. *Paris, Firmin-Didot*, 1877 ; in-4, demi-rel. dos et coins de mar. bleu, dos orné, tête dor., *non rogné*. 28 fr.

Ouvrage illustré de 14 chromolithographies, 3 photogravures et 200 gravures par *Huyot*.

354. **Meilhac** (H.) et **Halévy** (Lud.). La Vie parisienne, pièce en cinq actes, musique de J. Offenbach. *Paris, Librairie Illustrée*, 1875 ; in-4, br., couv. 15 fr.

Édition illustrée de costumes coloriés, dessinés par Draner, de vignettes de P.

Hadol, des portraits des auteurs de la musique, et de la pièce, accompagnée de la musique gravée des principaux airs et d'une notice sur la pièce.

355. **Mémoire** dressé par ordre de M. le duc de Praslin, secrétaire d'Etat et ministre de la Marine, sur Saint-Domingue, par J. Rolland, ancien capitaine d'artillerie et ingénieur du roy. *Paris*, 1766 ; mss. in-4 de 268 p., mar. rouge, très larges dentelles à petits fers sur les plats, dos orné, dent. int., tr. dor. (*Rel. anc.*). 1.200 fr.

Très jolie reliure ornée de larges dentelles à petits fers, avec les armes mosaïquées de CHOISEUL, duc de PRASLIN.
C'est le manuscrit de dédicace.

356. **Mémoires** de l'Académie Celtique, ou recherches sur les antiquités celtiques, gauloises et françaises. *Paris, Dentu*, 1807-1810 ; 5 vol. in-8, demi-rel. 30 fr.

357. **Mémoires** du comte de M... (Moret de Pontgibaud) précédés de cinq lettres ou considérations sur les mémoires particuliers. *Paris, Thiercelin*, 1828 ; in-8, demi-rel. chagr. rouge, couverture conservée. 20 fr.

Curieux volume sorti des presses de H. Balzac, le célèbre romancier, alors établi imprimeur, rue des Marais St Germain, n° 17.
En tête lithographie de Engelmann : Vue du fort de Pierre-Cise (à Lyon).

358. **Mémoires secrets** sur la Russie, et particulièrement sur la fin du règne de Catherine II et le commencement de celui de Paul Ier, formant un tableau des mœurs de St. Petersbourg à la fin du XVIIIe siècle (par Ph. Masson). *Paris, Ch. Pougens*, 1800 ; 2 vol. in-8, veau marbré, dos orné, dent. (*Rel. anc.*). 10 fr.

359. **Ménard**. Histoire civile, ecclésiastique et littéraire de la ville de Nimes, avec des notes et les preuves ; suivie de dissertations historiques et critiques sur ses antiquités, et de diverses observations sur son histoire naturelle. *Paris, Chaubert*, 1750 ; 1 vol. in-4, veau (*Rel. anc*). 225 fr.

Deux frontispices, plan et nombreuses figures.
Bel exemplaire de cet ouvrage important qu'on trouve rarement complet.

360. **Meszeulreuter** (Johan.). Neueröffneter Masquen-Saal, oder : Der verkleindeten Heydnischen Götter, Göttinnem und vergötterter Helden theatralischer Tempel. *Bayreuth, Lobern*, 1723 ; in-fol., pl., demi-rel. vélin blanc. 250 fr.

202 planches de masques, costumes de théâtre, etc.

361. **Metastase**. Opere del signor abate Pietro Metastasio. *Parigi, Vve Hérissant*, 1780-1782 ; 12 vol. in-8, fig. et portr., veau granit, dos orné, fil. (*Rel. anc.*). 100 fr.

Portrait par *Steiner*, et 35 figures par *Cipriani, Cochin, Martini* et *Moreau*.
Superbe exemplaire, en parfait état, d'un des livres les mieux illustrés du XVIIIe siècle.

362. **Mézeray**. Histoire de France depuis Faramond jusqu'à maintenant (1598). Œuvre enrichie de plusieurs belles et rares antiquitez, et d'un abrégé de la vie de chaque règne, dont il ne s'estoit point parlé cy-devant. par F. E. du Mezeray. *Paris, Mathieu Guillemot*, 1643-1651 : 3 vol. in-fol., mar. rouge, dos orné, fil., tr. dor. (*Rel. anc.*). 400 fr.

Très bel et très rare exemplaire de l'ÉDITION ORIGINALE, bien complet de toutes ses parties et conforme à la minutieuse description donnée par Brunet (III, 1694).
Il est illustré de nombreux et beaux portraits de rois et reines de France, ainsi que d'un grand nombre de figures de médailles gravées en taille-douce.

363. **Mézeray** (de). Abrégé chronologique ou extraict de l'histoire de France. *Paris, Billaine*, 1678 ; 3 vol. in-4, portraits, mar. rouge, fil., dos ornés, tr. dor. (*Rel. anc.*). 300 fr.

Bel exemplaire contenant un beau portrait de Louis XIV par *P. Landry* et ceux des principaux rois de France.

364. **Michaëlis**. Histoire admirable de la possession et conversion d'une pénitente séduite par un Magicien, la faisant sorcière et princesse des sorciers au païs de Provence, conduite à la S^cte Baume, pour y estre exorcizée l'an M DCX, au mois de Novembre, sous l'authorité du R. P. F. Sébastien Michaelis. Ensemble la Pneumalogie, ou discours des esprits du susdit P. Michaelis. Edition seconde. *Paris, Ch. Chastelain*, 1613 ; in-8, vélin. 60 fr.

Ouvrage de l'un des instigateurs du procès tristement célèbre qui provoqua la condamnation à mort de Louis Gaufridy

comme ayant ensorcelé Madeleine de Mandols, religieuse de la Ste Baume.
A la suite : « Discours des esprits en tant qu'il est de besoin pour entendre et résoudre la matière difficile des Sorciers ».

365. **Michel.** Recueil de fondations et établissements faits par le roi de Pologne, duc de Lorraine et de Bar, qui comprend la construction d'une nouvelle place, au milieu de laquelle est érigée la statue de Louis XV et les bâtiments que Sa Majesté polonoise a fait élever dans la ville de Nancy pour son embellissement. *Lunéville, Cl. Messuy,* 1762 ; in-fol., veau. 50 fr.

3 pl. se dépliant, pour les magnifiques grilles de Nancy, exécutées par *Jean Lamour*. Vignettes dans le texte.

366. **Michel** (Ad.). L'Ancienne Auvergne et le Velay. Histoire, archéologie, mœurs, topographie. *Moulins, impr. de P.-A. Desrosiers,* 1843-1847 ; 4 vol. in-fol., demi-rel. dos et coins de mar. noir, tête dor., *non rognés.* 225 fr.

143 planches.

367. **Michel** (Edmond). Monuments religieux, civils et militaires, du Gâtinais (départements du Loiret et de Seine-et-Marne) depuis le XIe jusqu'au XVIIe siècle. *Lyon, Paris, Orléans,* 1879 ; in-4, demi-rel. mar. rouge, *non rognés.* 40 fr.

107 planches hors texte.
Publié à 100 fr.

368. **Mirabeau.** Des Lettres de Cachet et des prisons d'état. Ouvrage posthume, composé en 1788 (par lecomte de Mirabeau). *Hambourg,* 1782 ; 2 part. in-8, demi-rel. veau. 6 fr.

369. **Molière.** Œuvres. Nouvelle édition par M. de Voltaire. Avec de très belles figures en tailles-douces. *Amsterdam et Leipzig, Arkstée et Merkus,* 1765 ; 6 vol. in-12, mar. rouge, dos orné, fil., tr. dor. *(Belz-Niédrée).* 130 fr.

Frontispice, fleurons et figures par *Punt*. Bel exemplaire.

370. **Molière.** Œuvres de Molière. Nouvelle édition, augmentée de la vie de l'auteur et des remarques historiques et critiques par M. de Voltaire. *Amsterdam et Leipzig, Arkstée et Merkus,* 1765 ; 6 vol. pet. in-12, demi-rel. dos et coins de mar. rouge, tête dor., *non rognés (Duru).* 60 fr.

Charmante édition orné de la suite des figures de *Punt*.

371. **Molière.** Œuvres complètes. *Paris, Henri Plon,* 1853 ; 8 vol. in-16, portr., br. 25 fr.

Jolie édition imprimée sur PAPIER VÉLIN pour la « Collection des classiques français du prince impérial ».

372. **Monfalcon** (J.-B.). Précis de Bibliographie médicale, contenant l'indication et la classification des ouvrages les meilleurs, etc., pour servir à l'histoire de la médecine. *Paris, Baillère, juin* 1827 ; in-16, demi-rel. dos et coins de mar. brun, tête dor., *non rogné.* 6 fr.

373. **Monselet** (André). Charles Monselet, sa vie, son œuvre. Préface par M. Jules Claretie. *Paris, Emile Testard,* 1892 ; in-8, demi-rel. chagr. rouge, *non rogné.* 8 fr.

Ce volume est illustré de plusieurs portraits de Monselet et de portraits-charges. Il se termine par une Bibliographie des Œuvres.

374. **Monselet** (Charles). Panier fleuri. Prose et vers. *Paris, Bachelin-Deflorenne,* 1873 ; in-12, demi-rel. toile, *non rogné.* 4 fr.

ÉDITION ORIGINALE.

375. **Monselet** (Charles). Portraits après décès, avec lettres inédites et fac-simile. *Paris, Faure,* 1866 ; in-12, demi-rel. dos et coins toile, *non rogné.* 6 fr.

ÉDITION ORIGINALE, couverture conservée.

376. **Monselet** (Les Tréteaux de Charles). *Paris, Poulet-Malassis et de Broise,* 1859 ; in-12, br. 10 fr.

ÉDITION ORIGINALE. Frontispice dessiné et gravé par Bracquemond.

377. **Montorgueil** (G.). Paris Dansant, illustrations de A. Willette gravées en taille-douce et en couleurs par Vigna-Vigneron. *Paris, Théophile Belin,* 1898 ; gr. in-8, br. 300 fr.

Cet ouvrage comprend 40 compositions inédites de A. Willette, tirage à 200 exemplaires (épuisé).

368. **Montorgueil** (Georges). La Vie à Montmartre. Illustrations de Pierre

Vidal. *Paris, G. Boudet* (1899) ; gr. in-8, br. couv. ill. 20 fr.

Exemplaire numéroté tiré sur PAPIER DU MARAIS de ce bel ouvrage illustré de jolies compositions en couleur et en noir de *Pierre Vidal*.

379. **Moreau** (Adolphe). E. Delacroix et son œuvre, avec des gravures en fac-simile des planches les plus rares. *Paris, libr. des bibliophiles*, 1873 ; in-8, br. 6 fr.

380. **Morel de Vindé**. PRIMEROSE, par M.. el de V.. dé. *Paris (Bleuet), de l'impr. de P. Didot l'aîné*, 1797 ; in-18, cart., *non rogné*. 350 fr.

Bel exemplaire en PAPIER VÉLIN.
Frontispice et 5 figures de *Lefèvre*, gravées par *Godefroy*, en double état : EAUX-FORTES (remontées à châssis) et AVANT LA LETTRE.

381. **Morel de Vindé.** Zélomir. *A Paris, de l'impr. de P. Didot l'aîné*, 1801 ; in-18, mar. olive, dos orné fil., tr. dor., *non rogné* (*Chambolle-Duru*). 300 fr.

Exemplaire en GRAND PAPIER VÉLIN, contenant la suite des six figures de *Lefèvre* en deux états : EAU-FORTE et AVANT LA LETTRE.

382. **Morillon** (Dom Gatien de). Paraphrase sur le livre de Job. *Paris, Louis Billaine*, 1658 ; in-8, front., mar. rouge, dos orné, fil. à la Duseuil, tr. dor. (*Rel. anc.*) 45 fr.

Frontispice par *Chauveau*.
Exemplaire aux armes de François-Armand de LORRAINE évêque de Bayeux.

383. **Mornay** (Philippe de). De la Vérité de la Religion chrestienne, contre les Athées, Epicuriens, Payens, Juifs, Mahumédictes et autres infidèles. *Anvers, Christofle Plantin*, 1582 ; in-8, vélin à recouvrements. 50 fr.

Très bel exemplaire de la seconde édition de ce livre célèbre.

384. **Mousin** (J.). Discours de l'yvresse et yvrongnerie auxquels les causes, nature, et effect de l'yvresse sont amplement déduictz, avec la guérison et préservation d'icelle. Ensemble la manière de carousser et les combats bacchiques des anciens yvrongnes, le tout pour le contentement des curieux. *Toul, Philippe*, 1612 ; in-8, mar. rouge, fil., dos orné, tr. dor. (*Anc. rel.*) 100 fr.

Petite mouillure aux premiers feuillets.

385. **Murailles** (Les) politiques françaises. *Paris, Le Chevalier*, 1875 ; 3 vol. in-4, br. 12 fr.

Publication fort intéressante par les documents officiels, sous forme d'affiches, qu'elle reproduit : Tome I. L'Invasion ; la Libération. — Tome II. Du 4 septembre au 18 mars. — Tome III. Du 18 mars au 27 mai.

386. **Muse en belle Humeur** (La) ou l'histoire de l'Entrée de leurs majestés dans leur bonne ville de Paris, suivant l'ordre donné à MM. de Rhodes et de Saintot, Grand Maître et Maître des Cérémonies ; présentéàMonseigneurleProcureur-général ; in-fol., mar. rouge, fil. à comp., tr. dor. (*Rel. anc.*) 1.800 fr.

Manuscrit inédit. C'est un poème en vers burlesques, sur l'Entrée de Louis XIV et de la Reine Marie-Thérèse dans la ville de Paris, le 26 août 1660. Il porte l'ex-libris de Mr de la Michodière, Prévôt des Marchands.
Ce manuscrit signé Parent dans la lettre de dédicace adressée à Fouquet, est intéressant par la nomenclature des grands officiers, seigneurs et magistrats qui défilèrent devant le Roi à la barrière du Trône.
Aux armes de FOUQUET.

387. **Musée.** Les Amours de Léandre et de Héro, poëme de Musée le grammairien, traduit du grec en françois avec le texte (par La Porte du Theil). *Paris, Nyon le jeune*, 1784 ; in-12, mar. rouge, dos orné, dent., tr. dor. (*Rel. anc.*) 70 fr.

PAPIER DE HOLLANDE. Frontispice gravé par *Cochin*.
Bel exemplaire.

388. **Musée impérial** (Le) du Louvre. Collection de 500 planches gravées au burin, par les sommités contemporaines d'après les grands maîtres en peinture et en sculpture des diverses écoles. *Paris, Danlos (impr. Firmin Didot)*, 1865 ; gr. in-fol. en 100 livr. 250 fr.

Magnifique publication publiée à 600 fr.

389. **Musset** (Alfred de). Œuvres. *Paris, Charpentier*, 1867 ; gr. in-8, à 2 col. en livraisons. 12 fr.

Portrait et 28 figures gravés sur acier d'après les dessins de *Bida*.

390. **Musset** (Alfred de). Œuvres. *Paris, Charpentier*. 1867 ; 10 vol. in-16, cart. toile bleue, *non rognés*. 80 fr.

Petite édition rare et recherchée comprenant : Poésies, 2 vol. — Comédies et proverbes, 3 vol. — Confession d'un enfant du siècle. — Nouvelles et contes, 2 vol. — Littérature et critique. — Œuvres posthumes.

Photographies d'après les illustrations de *Bida*.

391. **Musset** (Alfred de). Œuvres. *Paris, Alph. Lemerre*, 1876 ; 10 vol. — Biographie de Alfred de Musset, par Paul de Musset. *Paris, Lemerre*, 1877 ; ens. 11 vol. pet. in-12, cart., *non rognés*. 100 fr.

Charmante édition, ornée de 5 portraits d'Alfred de Musset auquel on a joint la suite des eaux-fortes de *Monziès* d'après *Henri Pille*. PAPIER VERGÉ.

392. **Newcastle**. La Méthode nouvelle, et invention extraordinaire de dresser les chevaux, les travailler selon la nature par subtilité de l'art : laquelle n'a jamais été trouvée que par le comte de Newcastle, etc. *London, Brindley*, 1743 ; 2 tomes en un vol. in-fol., fig., demi-rel. veau fauve (*Anc. rel.*) 200 fr.

Bon exemplaire, orné d'un titre et de 42 jolies planches en couleurs pour l'anatomie du cheval et 4 planches de fers, soit en tout 63 belles planches et nombreuses vignettes.

393. **Nodier**. Bibliothèque sacrée grecque-latine, ouvrage rédigé d'après Mauro Boni et Gamba, par Ch. Nodier. *Paris, Toisnier Desplaces*, 1826 ; in-8, basane. 10 fr.

Ouvrage de bibliographie des plus intéressants pour l'histoire de l'église dans les premiers siècles de notre ère.

394. **Nogaret**. Le Fond du Sac, ou restant des bablioles de M. X*** membre éveillé de l'académie des dormans. *Venise, Pantalon-Phébus* (*Paris, Cazin*), 1780 ; 2 tomes en 1 vol. pet. in-12, mar. brun, dos orné, fil., tr. dor. (*Lanscelin*). 35 fr.

Frontispice et jolies petites vignettes en-tête par *Durand*.

395. **Noriac** (Jules). Le 101e Régiment. *Paris, Libr. Nouvelle*, 1858 ; in-12, br., couv. 10 fr.

ÉDITION ORIGINALE.

396. **Normandie**. Taylor (Baron). Voyage pittoresques et romantiques dans l'ancienne France. Normandie. *Paris, Didot*, 1825 ; 2 vol. in-fol., demi-rel. veau fauve, *non rognés*. 110 fr.

232 planches lithographiées.

397. **Normandie** (La) illustrée, monuments, sites et costumes de la Seine-Inférieure, de l'Eure, du Calvados, de l'Orne et de la Manche. *Paris, Charpentier*, 1854 ; 2 vol. in-fol., dem.-chagrin Lavallière, *non rognés*. 100 fr.

Nombreuses lithographies. Les costumes ont été dessinés et lithographiés par *Lalaisse*.

398. **Nostradamus** (Michel). Les vrayes Centuries et Prophéties, où se voit representé tout ce qui s'est passé, tant en France, Espagne, Italie, Alemagne, Angleterre, qu'autres parties du monde. *Amsterdam, Jean Jansson, à Waesberge*, 1668 ; in-12, mar. rouge, dos orné, fil., tr. dor. (*Capé*). 60 fr.

Très jolie petite édition, se joignant à la collection des elzéviers. Titre, frontispice et figure gravés. Haut. : 124 mm.

399. **Nus** et **Méray**. Les Papillons. Métamorphoses terrestres des peuples de l'air, par Amédée Varin. *Paris, G. de Gonet*, s. d. (1854) ; 2 tomes en 1 vol. gr. in-8, demi-rel. chagr. bleu, tête dor., *non rogné*. 35 fr.

Bel exemplaire, orné de 34 planches coloriées. gravées sur bois.

400. **Olivier**. L'Art des armes simplifié, ou nouveau traité sur la manière de se servir de l'épée, enrichi de figures en taille-douce. Nouvelle édition revue, corrigée et augmentée de plusieurs planches. *Londres, J. Bell*, 1780 ; in-8, veau fauve. 60 fr.

14 planches gravées en taille-douce par *Jenkins, Grignion, Blake, Goldar*, d'après *J. Roberts* et *Jenkins*. Texte anglais et français.

401. **Ordonnances** et Instructions faictes par feux de bonne mémoire les roys Charles VIIe, Loys XIe, Charles VIIIe et Françoys premier du nom : Extraites et collationnées aux registres de la souveraine court de parlement à Paris... Adjousté en la fin dicelles les Ordonnances faictes par le roy Françoys jusques en l'an mil cinq cens xxxv. *On les vend à Paris en la rue neufve nostre dame à l'enseigne de l'écu de France*, 1535 ; in-8 goth. de 30 et de 376 ff., mar. brun, dos orné, fil. et comp. à froid, tr. dor. (*Capé*). 150 fr.

Édition bien complète des Ordonnances des rois de France, à la suite de laquelle on a relié : *Articles des Injonctions, deffenses et declarations faictes et publiées en la court du Parlement, pour l'abbreviation de la justice es causes venans en ladicte court.* A Paris, par Jehan André, 1536, in-8 de 12 ff. goth. non chiffr.

402. **Ordonnances** synodales du diocèse de Vannes, publiées par Mgr. Fr. d'Argouges, évêque de Vannes. *Vannes, Jacques de Heuqueville*, 1695 ; in-12, veau. 5 fr.

Signature sur le titre.

403. **Ovide**. La Vita et metamorfoseo d'Ovidio, figurato e abbreviato in forma d'epigrammi da Gabriello Symeoni. *Lione, Giovanni di Tornes*, 1559 ; in-8, mar. vert clair, dos orné, fil., tr. dor. (*Lortic*). 120 fr.

Édition de ce charmant volume renfermant les mêmes figures et les mêmes bordures que celles employées dans l'édition française de 1557, dues à *Bernard Salomon* dit le *Petit Bernard*.

404. **Ovide.** Les Métamorphoses en latin et en françois, de la traducton de M. l'abbé Banier, avec des explications historiques. *Paris*, 1767-1771 ; 4 vol. in-4, fig. et vign. de Boucher, Eisen, Gravelot, Moreau, mar. vert. larges dentelles sur les plats, dos ornés, dent. int., tr. dor. (*Anc. rel.*). 3.000 fr.

Belle reliure du dix-huitième siècle, ornée d'une large dentelle à petits fers dont celui dit *à l'oiseau*.
Exemplaire de premier tirage.

405. **Ovide.** Les Métamorphoses d'Ovide, gravées sur les dessins des meilleurs peintres françois par les soins des sieurs Le Mire et Basan graveurs. *Paris, Basan et Lemire*, 1767 ; gr. in-8, cart. 200 fr.

Frontispice et 140 figures d'après *Eisen*, *Moreau*, *Boucher*, etc.

406. **Ovide.** Les Métamorphoses d'Ovide, traduction nouvelle avec le texte latin, par G. T. Villenave. *Paris, Gay* (*impr. de Didot l'aîné*), 1806 ; 4 vol. in-4, br. 75 fr.

135 figures d'après *Lebarbier*, *Moreau*, *Monsiau* et *Duvivier*.

407. **Palissy** (Œuvres de Bernard) revues sur les exemplaires de la Bibliothèque du Roi, avec des notes par MM. Faujas de Saint-Fond et Gobet. *Paris, Ruault*, 1777 ; in-4, veau. 20 fr.

Excellente édition, contenant tous les traités de B. Palissy : De l'Art de Terre ; des Terres d'argile ; des Pierres ; de la Marne : Observations sur la Marne : Essay sur la Terre Sigillée ; des Sels divers ; des Eaux et Fontaines : des Métaux et Alchymie ; de l'Or potable ; du Mitridat ; des Glaces ; des Abus et Ignorance des Médecins, etc.

408. **Palustre** (Léon). La Renaissance en France. *Paris, Quantin*, 1879-1885 ; 3 vol. in-fol., cart. 180 fr.

Nombreuses figures gravées sous la direction d'Eugène Sadoux.
Ouvrage publié à 375 fr.

409. **Paradin** (Claude). Devises héroïques, par M. Claude Paradin, chanoine de Beaujeu. *A Lion, par Jean de Tournes et Guil Gazeau*, 1557 ; in-8, titre avec encadrement, fig. sur bois, mar. brun, milieux dorés, tr. dor. (*Thibaron-Joly*). 200 fr.

PREMIÈRE ÉDITION, ornée de 182 jolis emblèmes gravés sur bois et d'un encadrement de titre composé de sujets grotesques rappelant les Songes drôlatiques de Pantagruel. La plupart des devises commentées dans cet ouvrage sont celles des principaux personnages du XVIe siècle.
Bel exemplaire.

410. **Paradoxes,** ce sont propos contre la commune opinion : debatuz, en forme de declamations forēse : pour exerciter les ieunes esprits, en causes difficiles. Reveuz et corrigez pour la seconde fois. *Paris, Charles Estienne*, 1553. — Paradoxe que le plaider est chose très utile, et necessaire à la vie des hommes. *Paris, Charles Estienne*, 1554. Ens. 2 ouvrages en 1 vol. pet. in-8, mar. rouge jans., tr. dor. (*Trautz-Bauzonnet*). 80 fr.

Seconde édition sous cette date de la traduction par Ch. Estienne de 25 des *Paradossi* d'Ortensio Landi. Le second ouvrage qui est de la composition de Ch. Estienne, est un opuscule de 16 pp. extrêmement rare.
Bel exemplaire avec témoins provenant de la bibliothèque FIRMIN-DIDOT.

411. **Paris.** Recueil contenant l'édi du roy, sur l'establissement de la Jurisdiction des Consuls en la ville de Paris : et les déclarations et arrets donnez en suite, pour authoriser ladicte justice. *Paris, Rob. Ballard*, 1668 ; 2 parties en un vol. in-4, mar. rouge, dos et plats fleurdelisés, tr. dor. (*Rel. anc.*). 100 fr.

Exemplaire dans sa reliure originale, aux armes des CONSULS DE PARIS. On trouve dans la 2e partie de ce recueil la très intéressante nomenclature de tous les

Juges-Consuls depuis leur érection en 1563, jusqu'en 1668. On y remarque, entre autres, le nom d'un Pocquelin, celui de Martin du Fresnoy, père du célèbre bibliophile Elie du Fresnoy, etc.

Manque les pp. 189-192.

412. **Paris.** Nouvel Atlas de la Généralité de Paris, divisé en ses 22 Elections, avec la carte générale où l'on verra la disposition relative de chacune des dites élections. Dressé d'après les nouvelles observations faites sur les lieux. Par L. G. Denos. *Paris, Denos,* 1762 ; in-4, veau marbr., tr. rouge. 40 fr.

Titre et 24 cartes avec encadrements.

413. **Paris.** Plan de la ville et fauxbourgs de Paris, divisé en 20 quartiers, mis au jour par les Srs Deharme et Desnos. *Paris, Desnos,* 1777 ; in-4, demi-rel. dos et coins de veau fauve, dos orné, tr. rouge. 30 fr.

35 planches (le titre formant la 5e), tableau d'assemblage et 14 feuilles pour la nomenclature des voies publiques.

414. **Paris.** Almanach des Environs de Paris, contenant la topographie de l'Archevêché et des différents endroits du diocèse. *Paris, Denos,* 1787 ; in-8, veau. 20 fr.

Titre, carte générale et 15 cartes en couleur.

415. **Paris.** Plan de la ville de Paris, dressé géométriquement d'après celui de la Grive, avec ses changements et augmentations par Maire. *Paris, an XII* (1803); in-8, veau fauve, dos orné, fil., tr. dor. 25 fr.

Titre, tableau d'assemblage, 20 planches doubles finement coloriées, et 4 feuilles pour la table des noms des rues.

416. **Paris.** Les quarante-huit Quartiers de Paris. Biographie historique et anecdotique des rues, des palais, des hôtels et des maisons de Paris, par Girault de Saint-Fargeau. *Paris, Firmin-Didot,* 1846 ; in-4 à 2 col., demi-rel. veau fauve. 15 fr.

Vues sur acier.

417. **Parnasse** (Le) royal, ou les immortelles actions du très-chrestien et très-victorieux monarque Louis XIII sont publiées par les plus célèbres esprits de ce temps. *Paris, Sébastien Cramoisy,* 1635 ; in-4, réglé, vélin. 35 fr.

Recueil de poésies à la louange de Louis XIII et de Richelieu par Boisrobert, Malherbe, Maynard, L'Estoile, Colletet, Godeau, Gournay, Porchères d'Arbaud, etc. — La seconde partie intitulée : *Palmae regiae* est composée par des poésies latines dues à Laurin, Bertelot, Habert Sirmond, Du May, Doni, etc.

418. **Pasquier.** Les Lettres d'Estienne Pasquier, conseiller et advocat du roy en la chambre des Comptes de Paris. *Lyon, Veyrat,* 1597 ; in-16, mar. rouge, compart. de filets, dos orné, tr. dor. (*Anc. rel.*). 250 fr.

Exemplaire réglé, dans une jolie reliure du XVIe siècle, le dos est orné de feuillages dorés à petits fers ; sur les plats, au milieu d'une guirlande de feuillage, la lettre F entourée de quatre S barrés.

419. **Passe** (Crispin de). Bouticque menuiserie d'dens laquelle sont compris les plus notables fondements non moins a richesse (*sic*) avecq des nouvelles inventions. *Amstelodami, Crispini Passei impressum,* 1642. — Reigle des cinq ordres d'architecture de M. Jacques Barrozzio de Vignole, avec une augmentation nouvelle de Michel Anglo Bonarotti. *Amsterdam,* 1642 ; 42 pl. — La ij parte dell architetura dell Vignola, etc. *Amsterdam,* 1742 ; 42 pl. — Varie inventioni per deposti di Bernadino Radi Cortonèse. *In Roma,* 1625. Frontispice et 28 pl. représentant des autels et bénitiers. Ens. 1 vol. in-fol., veau (*Anc. rel. fatiguée*). 250 fr.

Le premier ouvrage est fort rare ; les planches sont au nombre de 18 et marquées de A à S, elles représentent des chaises, tabourets, lits, meubles divers, étagères, etc. Il manque une 19e planche (T).

420. **Passerat.** Joannis Passeratii Kalendæ Januariæ, et varia quædam poematia. *Lutetiæ, apud Viduam Mamerti Patissonii,* 1603 ; pet. in-8, vélin. 20 fr.

Piqûres de vers dans la marge du fond.

421. **Passerat** (Jean). Recueil des Œuvres poétiques de Jean Passerat, lecteur et interprète du Roy. *Paris, Abel l'Angelier,* 1606 ; in-8, mar. bleu, dos orné, fil., tr. dor. (*Trautz-Bauzonnet*). 150 fr.

Édition la plus complète des poésies françaises de Passerat.

Bel exemplaire, grand de marges, avec le joli portrait de l'auteur gravé par *Th. de Leu.*

422. **Passerius.** Picturæ etrusco-

rum in vasculis, nunc primum in unum collectæ explicationibus, et dissertationibus in lustratæ a Joh. Baptista Passerio nob. Pisaur. *Romæ, ex typ. Johannis Zempel*, 1767-1775 ; 3 vol. gr. in-fol., cuir de Russie, dos orné, fil. (*Rel. anc.*). 150 fr.

Très bel exemplaire avec 300 planches finement coloriées.

423. **Passio domini nostri Jesu Christi**, ex evangelistarum textu que accuratissime deprompta additis sanctissimis exquisitissimisque figuris. (In fine :) *Joannes Knablouchus imprimebat Argentinum, ann.* 1507 ; pet. in-fol., mar. brun, dos orné, tr. dor. (*Meunier*). 400 fr.

26 belles planches gravées sur bois par *Urse Graf*, dont le monogramme (Brulliot 370), se voit sur toutes les figures.

424. **Paulinus Nolanus** (Sanctus). Pon. Paulini episcopi Nolani epistolæ et poemata luculenta. *Vænundantur* (*Parisiis*) *ab Joanne Parvo et Jodoco Badio ascensio*, 1516 ; in-8, veau fauve, fil. et comp. à froid (*Rel. anc.*). 150 fr.

Première édition, recouverte d'une reliure du XVIe siècle portant dans ses arabesques le nom du relieur *Jehan Norius*. Le dos a été refait.

425. **Pensées** et réflexions sur les Egaremens des hommes dans la voye du salut. (Par Pierre de Villiers). Troisième édition. *Paris, J. Collombat*, 1700 ; 2 vol. in-12, front., mar. rouge, dos orné, fil., doublé de mar. vert, dent., tr. dor. (*Rel. anc.*). 500 fr.

Exemplaire aux armes de Marguerite-Louise-Suzanne de Béthune, duchesse du Lude.
Le bas des titres a été découpé.

426. **Petit Citateur** (Le). Notes érotiques et pornographiques, recueil de mots et d'expressions anciens et modernes sur les choses de l'amour pour servir de complément au dictionnaire érotique du professeur de langue verte par J. Ch.-x bachelier ès mauvaises langues. *Paphos*, 1881 ; in-8 écu, papier de Hollande demi-rel. mar. coins, non rog. (Rare). 40 fr.

427. **Petits conteurs du XVIIIe siècle.** Publiés avec Notices bio-bibliographiques par Octave Uzanne *Paris, Quantin*, 1878-1882 ; 12 vol. in-8, br. 120 fr.

L'un des 50 exemplaires tirés sur papier Whatman, contenant la suite des portraits en double état sur *papier Whatman* et sur *Japon*, en noir ou en sanguine. Publié à 300 fr.
Cette collection comprend : Les Contes de Voisenon, de Boufflers, de Crébillon fils, de Moncrif, de la Morlière, de Pinot-Duclos, de Cazotte, de Restif de la Bretonne, de Besenval, de Fromaget, de Godard-d'Ancour, et les Facéties du comte de Caylus.

428. **Petits poètes** du XVIIIe siècle, publiés avec notices bio-bibliographiques, sous la direction de M. Octave Uzanne. *Paris, Quantin*, 1879-1886 ; 12 vol. in-8, portr. et vign., br. 50 fr.

Poésies de Vadé, de Piron, de Bertin, de Desforges-Maillard, de Lattaignant, de Gilbert, du cardinal de Bernis, de Gresset, de Gentil-Bernard, de Bonnard et de Boufflers.
Collection très bien imprimée et tirée à petit nombre sur papier vergé, illustrée de portraits et de jolies vignettes en-têtes, gravées à l'eau-forte par *Lalauze*, *Gaujean*, *Milius*, etc.

429. **Petity** (Abbé de). Encyclopédie élémentaire, ou introduction à l'étude des lettres, des sciences et des arts. *Paris, Hérissant fils*, 1767 ; 2 tomes en 3 vol. in-4, veau. 35 fr.

Frontispice et très jolies figures allégoriques de *Gravelot*.

430. **Pétrarque**. Les Sonnets. Traduction complète en sonnets réguliers avec introduction et commentaire par Philibert Le Duc. *Paris, Willem*, 1879 ; 2 vol. in-8, br. Au lieu de 40 fr. 8 fr.

Exemplaire sur papier Whatman.

431. **Philidor** (A.-D.). Analyse du jeu des échecs, avec une nouvelle notation abrégée et des planches où se trouve figurée la situation du jeu. *Paris, Amand Kœnig*, 1812 ; in-12, br. 4 fr.

432. **Platine**. Platynæ de Honesta Voluptate : et valitudine : vel de obsoniis et Arte Coquinaria libri decem. (In fine :) *Venitiis, Bernardinus Venetus, anno* 1498 ; in-4, mar. violet, dos orné, dent., tr. dor. (*Chambolle-Duru*). 200 fr.

Édition citée par Hain, n° 13055. Très bel exemplaire dans une jolie reliure.

433. **Platon**. Œuvres de Platon, tra-

duits par Victor Cousin. *Paris, Rey*, 1846 ; 13 vol. in-8, demi-rel. chagrin rouge. 80 fr.

Ouvrage rare.

434. **Poésies** des XVe et XVIe siècles publiées d'après des éditions gothiques et des manuscrits. *Paris, Silvestre*, (*Impr. Crapelet*), 1830-1831 ; 11 pièces en un vol. in-8, demi-rel. dos et coins de mar. brun, tête dor., *non rogné*. 25 fr.

Ces pièces publiées séparément ont pour titres : 1. Le Caquet des bonnes chambrières. — 2. Le Casteau d'amours. — 3. Le débat de Liver et de Lesté. — 4. Le débat du vieil et du jeune. — 5. La réformation sur les dames de Paris. — 6. Déploration de Robin. — 7. La complainte de la grosse cloche de Troyes. — 8. Le songe doré de la pucelle. — 9. La farce du meunyer. — 10. Les souhaiz du monde. — 11. Moralité de laveugle et du boiteux.
Bel exemplaire.

435. **Poètes français** (les), recueil des chefs-d'œuvre de la poésie française depuis les origines jusqu'à nos jours, avec une notice sur chaque poète. Publié sous la direction de M. Eugène Crépet. *Paris, Gide*, 1861-1862 ; 4 vol. in-8, demi-rel. mar. rouge, dos orné, tête dor., *non rognés*. 70 fr.

Bel exemplaire sur GRAND PAPIER VERGÉ.

436. **Portraits**. Recueil des portraits des hommes illustres, dont il est fait mention dans l'histoire de France commencée par MM. Velly et Villaret et continuée par M. l'abbé Garnier. *Paris, Nyon*, 1781 ; 8 vol. in-4, veau marbr. 200 fr.

777 portraits et plans de bataille gravés sur cuivre.

437. **Ports de France** (Les), peints par Joseph Vernet et Hué, dont les tableaux enrichissent la Galerie du Sénat Conservateur, au Luxembourg, accompagnés de notes historiques et statistiques sur chacune des villes où ils se trouvent situés (par P.-A. Miger). *Paris, Lenormand*, 1812 ; in-8, cart. 40 fr.

Portraits de Joseph Vernet, de J.-F. Hué et 24 planches dessinées et gravées par Legrand le Lorrain. L'ouvrage est précédé d'une notice historique sur Joseph Vernet.

438. **Prévost** (l'abbé). Œuvres choisies, avec figures. *Paris, imp. de Leblanc*, 1810-1816 ; 39 vol. in-8, demi-rel. veau. 100 fr.

Exemplaire tiré sur PAPIER VÉLIN avec un portrait gravé par *Picquet* et 77 figures de *Marillier*.

439. **Procès Zola** (Le) devant la Cour d'assises de la Seine et la Cour de Cassation (7 février-23 février — 31 mars - 2 avril 1898). Compte-rendu sténographique *in-extenso* et documnnts annexes. *Paris, Stock*, 1898 ; 2 vol. in-8, br. 5 fr.

440. **Protestantisme**. Recueil de 6 pièces en un vol. pet. in-8, vélin. 75 fr.

Th. de Bèze. L'histoire de la vie et mort de feu M. Jean Calvin. *Genève, Fr. Perrin*, 1565. — Les dernières Heures de M. Drelincourt. *Charenton, Ant. Cellier*, 1670. — Les deux derniers sermons de M. Daillé, prononcez à Charenton. *Sam. Perier*, 1670. — Sermon de Jean Daillé sur les paroles de S. Pierre. *Charenton, Sam. Perier*, 1664. — Dubourdieu. Catéchisme pour l'instruction de la jeunesse. *Lausanne, Dav. Gentil*, 1694. — L'Ame affligée dans le silence ou sermon prononcé sur la mort de la reine d'Angleterre. *La Haye, Abr. Troyel*, 1695.

441. **Pufendorff**. Introduction à l'histoire moderne, générale et politique de l'univers, augmentée par M. Bruzen de La Martinière. Nouvelle édition revue, augmentée et continuée jusqu'en 1750, par M. de Grâce. *Paris, Mérigot*, 1753-59 ; 8 vol. in-4, front., veau, fil., tr. dor. 70 fr.

Bel exemplaire contenant 1 frontispice par *Eisen*, gravé par *Aliamet*, 8 fleurons, 1 écusson n. sig., 1 médaillon avec portrait par *Ehrenstrahl*, gravé par *Fiquet*, 32 vignettes, 23 culs-de-lampe, dont beaucoup se répètent et 25 cartes géographiques. Exemplaire en GRAND PAPIER DE HOLLANDE.

442. **Quatrebarbes**. Œuvres choisies du Roi René avec une biographie et des notices. *Paris*, 1839 ; 2 vol. in-4, br. 10 fr.

Ouvrage orné d'un grand nombre de dessins et ornements d'après les tableaux et manuscrits originaux.

443. **Rabelais**. Œuvres de Maître François Rabelais, avec des remarques historiques et critiques de M. Le Duchat. Nouvelle édition ornée de figures de Bernard Picart, etc. *Amsterdam, J.-F. Bernard*, 1741 ; 3 vol. in-4, veau. 150 fr.

La meilleure édition de Rabelais publiée au siècle dernier.
Superbe frontispice, dessiné et gravé par *Folkema*, titre gravé par *Bernard*

Picart, pour les 1er et 3e volumes, fleuron sur le titre de ces deux volumes, et un autre fleuron différent sur le titre du second, 3 gravures topographiques de la Devinière, portrait de Rabelais gravé par *Tanjé*, 8 culs-de-lampe par *Picart*, et 12 estampes par *Du Bourg*, gravées par *Bernaerts*, *Folkema* et *Tanjé*.

444. **Rauquil-Lieutaud**. Bianca Capello, roman dramatique, imité de l'allemand. *Paris, Didot*, 1790; 2 tomes en 1 vol. in-12, mar. rouge à longs grains, dent., dos orné, dent. int., tr. dor. (*Simier*). 75 fr.

Exemplaire imprimé sur PAPIER VÉLIN, dans une jolie reliure de Simier très fraiche.

445. **Recueil** de 70 belles photographies de Baldus, sur les sites et les vues les plus remarquables que le chemin de fer Paris-Lyon-Méditerranée traverse sur son parcours; in-fol. oblong, demi-rel. mar. vert, avec coins, pl. toile. 50 fr.

Très belles vues splendidement photographiées et montées sur onglets.

446. **Recueil de peintures antiques** trouvées à Rome; imitées fidèlement, pour les couleurs et le trait, d'après les dessins coloriés par Pietro-Sante Bartoli et autres dessinateurs. Seconde édition. *De l'imprimerie de Didot l'aîné, à Paris, aux dépens de Molini et de Lamy, libraires*, 1783; 2 vol. in-fol. pl., mar. rouge, dos orné, dent., et fil., tabis, tr. dor. (*Rel. anc.*). 1.000 fr.

Magnifique et très rare exemplaire imprimé sur PEAU DE VÉLIN, de cette seconde édition augmentée, dont les explications sont dues à Mariette et au comte de Caylus.

Ce livre, un des plus beaux imprimés par Didot à la fin du siècle dernier, ne fut tiré qu'à 100 exemplaires sur papier, et à QUINZE seulement sur peau de vélin.

Les planches, au nombre de 54, ont été finement coloriées à l'aquarelle et forment autant de jolies miniatures aussi intéressantes à consulter pour l'histoire de l'art ancien que pour l'archéologie proprement dite.

Reliure de l'époque de la publication.

447. **Recueil de Peintures antiques** trouvées à Rome; imitées fidèlement, pour les couleurs et le trait, d'après les dessins coloriés par Pietro-Sante Bartoli et autres dessinateurs. Seconde édition. *Paris, impr. de Didot l'aîné*, 1783-1787; 3 tomes en 2 vol. in-fol., pl., mar. vert, dos orné, fil., tr. dor. (*Derome le jeune*). 400 fr.

Seconde édition augmentée, tirée à 100 exemplaires, ornée de 54 planches qui ont été dans cet exemplaire très finement coloriées.

Les descriptions des peintures sont l'œuvre de Mariette et du comte de Caylus, celle de la mosaïque de Palestrine est de l'abbé Barthélemy.

A la suite du 2e volume : Histoire critique de la pyramide de Caïus Cestius, de l'abbé Rive. *Paris*, 1787.

Très bel exempl. du duc de HAMILTON.

448. **Relation** fidèle et détaillée de l'arrestation de S. A. R. Madame, duchesse de Berry (par Achille Guibourg). *Nantes, C. Merson, nov.* 1832; in-8, de 40 pp., br. 4 fr.

Lithographie représentant la chambre où se trouvait la cachette de la duchesse de Berry.

449. **Reliure armoriée**. Funérailles et diverses manières d'ensevelir des Romains, Grecs et autres nations, tant anciennes que modernes, descrites par Claude Guichard. *Lyon, Jean de Tournes*, 1581; in-4, mar. bleu, dos orné, dent., tr. dor. (*Rel. anc.*). 300 fr.

Édition ornée de figures sur bois : l'une d'elles est signée *Cruché*.

Bel exemplaire provenant de la Bibliothèque J.-J. de BURE, aux armes d'Adrien de la VIEUVILLE DE WIGNACOURT, grand prieur de Champagne, de l'ordre de Malte.

450. **Rennes ou le patriotisme**, poème elegiaco-politique. *A Britanopole*, 15 *juillet* 1788; in-8, br. 3 fr.

451. **Restif de la Bretonne**. Monument du Costume. Les vingt-quatre estampes dessinées par Moreau le Jeune (avec notice par Ph. Burty). *Paris, Conquet*, 1883; texte in-8, gr. et encadré, dans un carton, et planches in-4, *en livraisons*. 130 fr.

Exemplaire avec le texte sur PAPIER DE HOLLANDE : double suite des figures de *Moreau* : avec les numéros sur papier de Hollande (4e état), et EAUX-FORTES PURES (1er état) sur PAPIER DU JAPON.

452. **Restif de la Bretonne**. Monument du Costume. Les douze estampes dessinées par Freudenberg (avec notice par J. Grand-Carteret). *Paris, Conquet*, 1884; texte in-8, gravé, dans un carton et planches in-4, *en livraisons*. 70 fr.

Exemplaire avec texte sur PAPIER DU JAPON; double suite des figures de *Freudenberg* : avec les numéros sur papier de

Hollande (4e état) et EAUX-FORTES AVANCÉES (2e état) sur PAPIER DU JAPON.

453. **Restif de la Bretonne.** La Mimographe ou idées d'une honnête femme pour la réformation du théâtre national. *Amsterdam*, 1770; in-8, veau, dos orné (*Rel. anc.*). 12 fr.

Ouvrage rare. (Voy. P. Lacroix. *Bibliogr. de Restif*, p. 104).

454. **Restif de la Bretonne.** Monsieur Nicolas, ou le Cœur humain dévoilé. Mémoires intimes. Réimprimé sur l'édition unique et rarissime publiée par Restif en 1796. *Paris, Liseux*, 1883 ; 14 vol. in-8, br. 50 fr.

L'un des 225 exemplaires tirés sur papier de Hollande. Publié à 120 fr.

455. **Résurrection** (S'ensuit la) de nostre seigneur Jesuchrist par personnaiges. Comment il apparut a ses apostres, et a plusieurs aultres, et comment il monta es cieulx le jour de son Ascention. *Nouvellement imprimee à Paris* (*par Alain Lotrian*), 1539 ; in-4 goth. à 2 col., mar. vert, dos orné, larg. dent., tr. dor. (*Rel. anc.*). 250 fr.

Bon exemplaire de ce mystère, dans une très jolie reliure exécutée au XVIIe siècle. Figures sur bois sur le titre.

456. **Reusner.** Icones sive imagines virorum literis illustrium, quorum fide et doctrina religionis et bonarum literarum studia, nostrâ patrumque memoriâ, in Germaniâ præsertim, in integrum sunt restituta. Additis eorundem elogiis diversorum auctorum. Recensente Nicolao Reusnero. *Argentorati, B. Jobinus*, 1587 ; in-8, peau de truie estampée (*Rel. anc.*). 150 fr.

Édition rare et recherchée contenant en PREMIER TIRAGE cent portraits gravés sur bois par *Tobie Stimmer*. On y remarque entre autres ceux de Savonarole, de Séb. Brandt, de Ulric de Hutten, de Zwingle, d'Erasme, de Guill. Budé, de Paracelse, de Copernic, de Calvin, d'André Vésale, et autres célébrités du XVIe siècle.

457. **Revue Britannique** ou choix d'articles traduits des meilleurs écrits périodiques. Paris, au bureau du journal : de 1833 à 1852 ; ens. 81 vol. in-8, demi-rel. veau (la rel. n'est pas uniforme). 70 fr.

Manque l'année 1849.

458. **Reybaud** (Louis). Jérome Paturot à la recherche d'une position sociale. Edition illustrée par J. J. Granville. *Paris, Dubochet Le Chevalier*, 1846 ; in-8, cart. toile de l'éditeur, éb. 85 fr.

PREMIÈRE ÉDITION, illustrée de nombreuses gravures sur bois, dont 32 tirées à part.

459. **Reybaud** (Louis). Jérôme Paturot à la recherche de la meilleure des Républiques. Edition illustrée par Tony Johannot. *Paris, Michel Lévy*, 1849 ; in-8, cart. toile, fers de l'éditeur, tr. dor. 75 fr.

PREMIER TIRAGE. Vignettes sur bois, dont 30 sujets tirés hors texte.

460. **Rivoli** (Duc de). Bibliographie des livres à figures vénitiens de la fin du XVe siècle et du commencement du XVIe. 1469-1525. *Paris, Leclerc et Cornuau*, 1892 ; in-8, fig., br. 15 fr.

461. **Rœderer** (P.-L.). Mémoires pour servir à l'histoire de la Société polie en France. *Paris, Firmin-Didot*, 1835 ; in-8, perc., non rogné. 30 fr.

Ouvrage rare.

462. **Roger-Miles** (L.). Art et Nature. Études brèves sur quelques artistes d'hier et d'aujourd'hui. *Paris, Boudet* (1897); in-4, br. 15 fr.

PAPIER VÉLIN DU MARAIS numéroté. 35 eaux-fortes, héliogravures et lithographies originales. Texte encadré.

463. **Romans du XVIIe siècle.** Les Amours de la belle Junie, ou les sentimens romains, par Mme de P*** (de Pringy). *Paris, Brunet*, 1698. — La Curiosité dangereuse. Nouvelle galante, historique et morale par Braydore (Roberday). *Paris, Mazuel*, 1698, front. — Histoire et les Aventures de Kemiski, georgienne. Ens. 3 ouvrages en un vol. in-12, mar. bleu, dos orné, fil., tr. dor. (*Rel. anc.*). 100 fr.

Aux armes de la comtesse de VERRUE.

464. **Rome** (Ville de). Grandezze della Citta di Roma antiche e moderne com al presente si ritrovo. Di nuovo ristampato in quattro linguaggi latino, vulgare, francese, tedesco. *Roma, appr. Giac. Mascardi*, 1627 ; pet. in-8, fig., mar. rouge, fil. (*Rel. anc.*). 25 fr.

Les textes français et italien sont beaucoup plus développés que ceux en latin et

en allemand. Nombreuses figures en taille-douce.
Le même volume renferme : Le Antichita della citta di Roma.... per Lucio Maro. *In Venetia*, 1558.

465. **Romey** et **Jacobs**. La Russie ancienne et moderne d'après les chroniques nationales et les meilleurs historiens, par MM. Charles Romey et Alfred Jacobs. *Paris, Furne*, 1855; gr. in-8, br., couv. 12 fr.

Édition illustrée de figures sur acier, en noir et en couleur, par *Yvon, Rouargue*, etc., et d'une carte de l'empire de Russie d'Europe.

466. **Ronsard**. Les Hymnes. *Paris, Wechel*, 1555. — Le second livre des Hymnes. *Paris, Wechel*, 1556. — Hymne de Bacus, après la version latine de Jean Dorat. *Paris, Wechel*, 1555. — L'Hymne de tres-illustre prince Charles, cardinal de Lorraine. *Paris, Wechel*, 1559. — Chant de liesse. Au roy. *Paris, Wechel*, 1559. Ens. 5 parties en un vol. in-4, mar. vert, milieux de feuillage, tr. dor. (*Capé*). 300 fr.

ÉDITIONS ORIGINALES en 199 pp., 103 pp., 32 pp., 16 ff. et 4 ff.

467. **Rops**. Catalogue descriptif et analytique de l'Œuvre gravé par Félicien Rops ; précédé d'une notice biographique et critique par Erastène Ramiro. *Paris, Conquet*, 1887 ; gr. in-8, br., couv. 40 fr.

Frontispice et gravures d'après des compositions inédites de *J. Rops*. Fleurons et culs-de-lampe d'après *Rops*, *J. la Palette* et *Louis Legrand*.

468. **Rousseau** (J.-J.). La Nouvelle Héloïse, ou lettres de deux amants, habitants d'une petite ville au pied des Alpes. *Paris, Bossange, Masson et Besson*, 1808 ; 4 vol. in-8, demi-rel. veau. 20 fr.

Portrait par Degaux et cinq figures par Prudhon, gravées par Copia.

469. **Rousselet** (Louis). L'Inde des Rajahs. Voyage dans l'Inde centrale et dans les présidences de Bombay et du Bengale. *Paris, Hachette*, 1875 ; in-4, demi-rel. chagrin rouge, plats toile, tr. dor. 35 fr.

Très bel ouvrage orné de 317 gravures sur bois et de 6 cartes.

470. **Rusca** (Louis). Recueil des dessins de différens bastimens construits à St-Pétersbourg et dans l'intérieur de l'empire de Russie. *Saint-Pétersbourg*, 1810 ; in-fol., demi-rel. chagrin rouge. 90 fr.

181 planches gravées au trait.

471. **Sacre de Louis XV** (Le), Roy de France et de Navarre, dans l'église de Reims, le dimanche xxv octobre 1722. (Avec texte par Danchet. S. l. n. d. (*Paris*, 1722) ; in-folio, veau, dos orné, dent., tr. dor. (*Pasdeloup*). 450 fr.

Magnifique ouvrage, entièrement gravé, illustré de 9 grandes planches doubles par *Cochin*, *Larmessin*, *Tardieu* et *Dupuis* ; et de 63 estampes représentant les costumes du roi et des grands dignitaires de la couronne. Chacun des feuillets du texte est entouré par une délicate bordure. Belle reliure de *Pasdeloup* aux ARMES ROYALES.

472. **Saint-Albin** (A.-R.-C.). Championnet général des armées de la République, ou les Campagnes de Hollande, de Rome et de Naples. 2e édition. *Paris, Poulet-Malassis et de Broise*, 1861 ; in-12, br. 5 fr.

473. **Saint-Amant**. Les Œuvres du sieur Saint-Amant. *Paris, de l'impr. de Rob. Estienne pour Fr. Pomeray et T. Quinet*, 1629-1631-1643-1649-1658 ; 5 parties en 2 vol. in-4, mar. rouge, dos orné, fil., tr. dor. (*Chambolle-Duru*). 225 fr.

ÉDITION ORIGINALE.
A la suite de la dernière partie intitulée : « Dernier recueil de diverses poésies du S. de Saint-Amant », on a relié 5 pièces qui complètent les Œuvres : Caprice. — Epistre heroï-comique dédiée au duc d'Orléans. — Caprice ridicule (Rome ridicule). — La Seine extravagante. — La Généreuse.
Très bel exemplaire provenant de la bibliothèque de GUY-PELLION.

474. **Saint-Arroman** (Raoul de). La Gravure à l'eau-forte. Essai historique. — Comment je devins graveur à l'eau-forte par le comte Lepic. *Paris, Vve Cadart*, 1876 ; in-8, portr., br. 4 fr.

475. **Saint-Just**. Organt, poème en 20 chants, par Saint-Just, avec la clef. *Au Vatican*, 1867 ; 2 vol. in-8, demi-rel. dos et coins de mar. vert, tête dor., *non rognés*. 25 fr.

Exemplaire en GRAND PAPIER DE HOLLANDE, avec le portrait de Saint-Just en double état : avant la lettre sur *Japon* et avec la lettre sur *Chine*.

476. **Saint-Lambert**. Les Saisons, poème. Septième édition. *A Amsterdam* (*Paris*), 1775 ; in-8, front.

et fig., veau fauve, dos orné, fil., tr. dor. (*Rel. anc.*). 40 fr.

Exemplaire avec les 7 jolies figures de *Moreau* gravées par *Delaunay, Duclos, Prévost*, et *Simonnet*. 1 fleuron de titre et 4 vignettes en-tête par *Choffard*.

477. **Saint-Pierre** (Bernardin de). Paul et Virginie. Avec notice et notes par Anatole France. *Paris, Alph. Lemerre*, 1878 ; in-12 tiré in-8, demi-rel. dos et coins de mar. rouge, tête dor., *non rogné* (*Bretault*). 300 fr.

Un des 50 exemplaires sur PAPIER WHATMAN, illustré dans les marges de 38 aquarelles originales de *Ch. Jouas*.

478. **Salluste.** C. Crispus Sallustius ; et L. Annæus Florus. *Birminghamiæ, Baskerville*, 1773 ; in-4, mar. rouge, dos orné, fil., tr. dor. (*Rel. anc.*). 75 fr.

Très belle édition.

479. **Sainte-Beuve.** Œuvres de C.-A. Sainte-Beuve. *Paris, Alphonse Lemerre*, 1876-1879 ; 4 vol. pet. in-12, portr., br. 40 fr.

Tableau de la Poésie française, — Poésies complètes.

Un des 25 exemplaires sur PAPIER DE CHINE.

480. **Salnove.** La Venerie royale divisée en IV parties qui contiennent les Chasses du cerf, du lièvre, du chevreuil, du sanglier, du loup et du renard, avec le dénombrement des forests et grands buissons de France, où se doivent placer les logemens, questes, et relais, pour y chasser ; par Messire Robert de Salnove. *Paris, Ant. de Sommaville*, 1665 ; in-4, front., mar. rouge jans., tr. dor. (*Trautz-Bauzonnet*). 175 fr.

Très bel exemplaire, grand de marges, dans une reliure parfaite.

481. **Salverte** (Eusèbe). Essai historique sur les noms d'hommes, de peuples et de lieux, considérés dans leurs rapports avec la civilisation. *Paris, Bossange*, 1824 ; 2 vol. in-8, br. 10 fr.

482. **Sauval** (Henri). Histoire et recherches des Antiquités de la ville de Paris, par Me Henri Sauval. *Paris, Moette et Chardon*, 1724 ; 3 vol. in-fol., veau marbr. (*Rel. anc.*). 100 fr.

Bon exemplaire de cet excellent ouvrage.

483. **Savary de Lancosme Brèves.** De l'Equitation et des Haras. *Paris, Rigo*, 1842 ; in-4, br. 20 fr.

Figures et vignettes sur bois par *Giraud*.

484. **Scudéry** (Madeleine de). Clélie, histoire romaine par M. de Scudéry. *Paris, Billaine et Aug. Courbé*, 1655-1666 ; 10 vol. pet. in-8, mar. rouge, dos orné, fil., tr. dor. (*Rel. anc.*). 100 fr.

Frontispice et figures de *Fr. Chauveau*. Exemplaire aux armes de Marie-Anne-Christine-Victoire de BAVIÈRE, dauphine de France. Le tome IV est plus court de marges, sans armoiries sur les plats, et incomplet des pp. 1079 à 1082.

485. **Senault.** Heures nouvelles, tirées de la Sainte écriture, écrites et gravées par Senault. *A Paris, chez l'autheur*, s. d. ; in-8, texte et fig. gr., mar. citron, dos orné, large dent. à petits fers, plats en mar. rouge, doublure en tabis bleu, tr. dor. (*Anc. rel.*). 150 fr.

486. **Shakespeare.** Roméo et Juliette. Traduction de Daffry de la Monnoye. Illustrations d'Andriolli. Gravures de Huyot. *Paris, Firmin-Didot*, s. d. ; grand in-4 carré, mar. rouge, dos orné, 3 fil., tr. dor. sur fausses marges, couv. conserv., étui (*Canape*). 250 fr.

Exemplaire numéroté sur PAPIER DU JAPON contenant les 10 grandes compositions d'*Andriolli* en double épreuve, sur Japon et sur Chine.

487. **Sicanicarum** rerum compendium Maurolyco abbate Siculo authore. *Messianæ in Freto Siculo, Petrus Spira*, 1562 ; pet. in-4, mar. rouge, fil., tr. dor. (*Rel. anc.*). 80 fr.

Bel exemplaire aux armes et au chiffre de CHARRON, marquis de MÉNARS. Sur des feuillets ajoutés se trouvent d'intéressantes notes manuscrites complémentaires sur les évènements arrivés en Sicile de 1510 à 1560.

488. **Speculum passionis domini nostri Jhesu Christi.** In quo relucent hec omnia singulariter vere et absolute : puta. omnis perfectio yerarchie Omnium fidelium beatitudo. Omnes virtutes. Dona. Fructus. Et spiritualium bonorum omnium efficacia. (In fine :) *Speculum de passione domini nostri Jhesu christi cum textum quatuor*

evangelistarum cum figuris pulcris et magistralibus et cum mirum immodum contemplationibus et orationibus devotis... et stupendis mysteriis sanctissime crucis per doctorem Udalricum Pinder convexum : et in civitate imperiali Nurenbergen bene visum et impressum finit feliciter Anno... 1507. Die vero 30 mensis Augusti; in-fol. de 90 ff. chiffrés et titre, mar. brun jans., tr. dor. 650 fr.

Edition à 2 colonnes en caractères ronds. Elle est divisée en 3 parties et ornée de 40 grandes planches et de 37 petites gravées sur bois. Celle qui se trouve au v° du 73ᵉ f. porte la marque de *Hans Schaufelein.*

489. **Pseaumes de David.** Traduction nouvelle selon l'hebreu et la vulgate (Par Louis Isaac Le Maistre de Sacy). Nouvelle édition revuë et corrigée. *Paris, Pierre le Petit,* 1671; in-12, front., mar. vert, dos orné, large dent., tr. dor. *(Rel. anc.).* 700 fr.

Exemplaire aux armes de la reine MARIE LECKSINSKA, avec son chiffre frappé dans la dentelle des plats. Cette dernière particularité est très rare.

490. **Stirpe** (De) et origine domus de Courtenay, quæ cœpita Ludovico Grasso hujus nominis sexto Francorum rege sermocinatio. *Parisiis,* 1607; in-8, vélin à recouvrements. 75 fr.

Généalogie de la maison de Courtenai. Ce très rare volume a été, d'après Brunet, imprimé à Sens par Pierre Vatard. Bel exemplaire quoique ayant un petit trou de vers dans la marge des derniers feuillets.

491. **Surville.** Poésies inédites de Marguerite-Eléonore-Clotilde de Surville, publiées par MM. de Roujoux et Ch. Nodier. *Paris, Nepveu,* 1827 ; in-8, demi-rel. dos et coins de chagr. vert, tête dor., *non rogné.* 15 fr.

Bel exemplaire non rogné, contenant la suite des figures de *Colin* en double état : sur blanc et sur *Chine,* et le tirage à part des en-têtes, aussi en double état : sur blanc et sur *Chine.*

492. **Surville** (Clotilde de). Poésies de Marguerite-Éléonore-Clotilde de Vallon-Chalys, depuis Madame de Surville, poète français du XVᵉ siècle. Nouvelle édition publiée par Ch. Vanderbourg. *Paris, Nepveu,* 1824 ; in-8, fig., demi-rel. dos et coins de chagr. vert, tête dor., *non rog.* 15 fr.

Exemplaire contenant la double suite des fig. hors texte sur *Chine* et sur blanc ; et la triple suite, tirée à part, des en-têtes: sur *Chine,* en couleur et en bistre.

493. **Tableau** (Le) des piperies des femmes mondaines, ou par plusieurs histoires se voyent les ruses et artifices dont elles se servent. *Paris, J. Denis,* 1633 ; pet. in-12, mar. citron, fil., tr. dor. *(Rel. anc.).* 75 fr.

Bel exemplaire dans une reliure pouvant être attribuée à Derome.

494. **Tahureau.** Les Poésies de Jacques Tahureau, du Mans, mises toutes ensemble et dédiées au révérendissime cardinal de Guyse. *Paris, Robert Le Mangnier,* 1574 ; in-8, mar. bleu, dos orné, milieux de feuillages, tr. dor. *(Trautz-Bauzonnet).* 250 fr.

Très bel exemplaire de cette édition, la plus complète des poésies de Tahureau.

495. **Tainturier** (A.). Recherches sur les anciennes manufactures de Porcelaine et de Faience (Alsace et Lorraine). *Strasbourg,* 1868; in-8, br. 12 fr.

Ouvrage orné de 55 monogrammes et gravures, tiré à 200 exemplaires. Rare.

496. **Testament** (Le Nouveau) de Nostre-Seigneur Jésus-Christ, traduit en françois selon l'édition vulgate, avec les différences du grec (par Arnauld, Sacy et Nicole). *Mons, Gaspard Migeot (Amsterd., D. Elzevier),* 1867 ; 2 vol. pet. in-8, mar. rouge, fil., dos orné à la grotesque, tr. dor. *(Rel. anc.).* 150 fr.

Très bel exemplaire de la PREMIÈRE ÉDITION de cette célèbre traduction dite de Port-Royal.

Frontispice gravé par *Van Schuppen,* d'après *Ph. de Champaigne.*

497. **Theuriet** (André]. Nos Oiseaux. Aquarelles de Hector Giacomelli. *Paris, H. Launette,* 1886 ; in-4, mar. bleu foncé, dos orné, encadr. de fil. droits et courbés, doublé de mar. bleu, grande composition en mosaïque à l'intérieur du premier plat, représentant, sur une branche de cerisier avec fruits, un chardonneret guettant un papillon ; hirondelle en mosaïque à l'intér. du second plat, gardes de soie brochée, tr. dor., sur fausses marges, couv. conservée, étui *(Canape).* 1.800 fr.

Exemplaire tiré sur papier du Japon, contenant un tirage à part en bistre, sur Japon, de toutes les illustrations.
Le faux-titre est orné d'une superbe AQUARELLE ORIGINALE de *H. Giacomelli*, l'illustrateur du livre.

498. **Thiers** (J.-B.). Histoire des perruques, où l'on fait voir leur origine, leur usage, leur forme, l'abus et l'irrégularité de celles des ecclésiastiques. *Paris, aux dépens de l'auteur*, 1690 ; in-12, mar. rouge, fil., dos orné, dent. int., tr. dor. (*Anc. rel.*). 60 fr.

499. **Tournefort**. Histoire des Plantes qui naissent aux Environs de Paris, avec leur usage en médecine, par M. Pitton Tournefort. *Paris, impr. royale*, 1698; in-12, veau. 4 fr.

500. **Un Siècle.** Mouvement du Monde de 1800 à 1900. *Paris, J. Boussod, Manzi, Joyant*, 1900 ; 3 vol. in-4, br. 55 fr.

Cet ouvrage divisé en trois parties comprend : le Mouvement politique et économique; le Mouvement intellectuel; le Mouvement religieux. On y remarque comme collaborateurs : M. Lepet, de Voguë, H. Joly. Vicomte de Meaux, G. d'Avenel, de Mun. Eug. Tavernier, Brunetière, P. Allard, le card. Richard, etc.

501. **Uzanne** (Octave). Visions de notre heure. Choses et gens qui passent. Notations d'art, de littérature et de vie pittoresque. *Paris, Floury*, 1899 ; in-8 agenda, br., couv. illustrée. 5 fr.

502. **Valentin** (Basile). Azoth, ou le moyen de faire l'or caché des philosophes. De Frere Basile Valentin ; reveu, corrigé et augmenté par M. L'Agneau medecin. *Paris, Pierre Moet*, 1659; pet. in-8, bas. 5 fr.

Curieuses figures sur bois.
A la suite : Traité de la nature de l'œuf des philosophes.

503. **Valere le Grant** historiographe tres-illustre translate de latin en françoys. contenant neuf livres traictans des vertueuses oeuvres non seullement des rommains, mais aussi de gens destrange nacion, comme de grecz, de gens Dorient et Doccident, et aultres parties de la terre. *Imprimé nouvellement à Paris, par Philippe le noir, marchant libraire et relieur*, s. d. ; pet. in-fol. goth. à 2 col., mar. rouge jans., tr. dor. (*Chambolle-Duru*). 300 fr.

Rare édition illustrée de plusieurs grandes et belles figures sur bois. Encadrement de titre composé de sujets tirés de l'histoire religieuse et profane.
Bel exemplaire.

504. **Végèce.** Commentaires sur les institutions de Végèce, par le comte Turpin de Crissé. *Montargis, Lequatre*, 1779 ; 3 vol. in-4, planches, mar. rouge, fil., dos orné, tr. dor. (*Rel. anc.*). 250 fr.

Bel exemplaire dans une reliure d'une grande fraicheur.

505. **Veuillot** (Louis). Jésus-Christ par Louis Veuillot, avec une étude sur l'art chrétien par E. Cartier. *Paris, Firmin-Didot*, 1875 ; in-4 br. 40 fr.

Ouvrage contenant 180 gravures exécutées par *Huyot père et fils* et 16 chromolithographies d'après les monuments de l'art depuis les catacombes jusqu'à nos jours.
L'un des 300 exemplaires tirés sur PAPIER VÉLIN A LA FORME.

506. **Vitarum Caesarum** Quarum autores sunt hi, Trebellius Pollio, Flavius Vopiscus, Sextus Aurelius Victor, Pomponius Laetus. Apud *Seb. Gryphium Lugd.*, 1562 ; in-16, veau brun, filets et arabesques, coins dorés et mosaïqués de noir, semis de fleurs, dos orné, tr. dor. et cis. (*Rel. du XVIe siècle*). 1.000 fr.

Curieuse reliure portant sur le premier plat et à froid, les armes de Henri de Valois, alors duc d'Orléans, qui fut plus tard Henri III ; sur le second plat, également à froid, un médaillon allégorique représentant une colonne à laquelle sont suspendus une couronne, un sceptre, et attachés, un loup, un ours et un bouc. Le médaillon est entouré de la devise : Qui regit Heac Regnat, avec la date 1562.

507. **Vitet**. Monographie de l'église N.-D. de Noyon. *Paris, impr. royale*, 1845 ; in-4, demi-rel. chagrin vert et atlas in-fol., cart. 45 fr.

L'atlas contient 32 planches.

508. **Voltaire.** Œuvres, avec préfaces, avertissements, notes, etc., par M. Beuchot. *Paris, Lefèvre et Didot*, 1823 ; 72 vol. gr. in-8, demi-rel. mar. brun avec coins, dos richement dorés, *non rognés* (*Simier*). 600 fr.

Bel exemplaire imprimé sur GRAND PAPIER VÉLIN et très bien relié.

509. **Wailly** (Natalis). Éléments de Paléographie. *Paris, impr. royale*, 1838 ; 2 vol. in-4, cart., *non rognés*. 65 fr.

Exemplaire en GRAND PAPIER.

510. **Weigel** (Christophe). Le Monde dans une noix, c'est-à-dire un abrégé de l'Histoire universelle chronologique des évènements les plus remarquables du monde, très plaisamment representez par tables et par figures en taille-douce, trad. de l'allemand par Mathias Cramer. *S. l. n. d.* (1722); in-4, veau fauve, dos orné, fil., tr. dor. (*Thompson*). 100 fr.

Très nombreuses et curieuses figures de *Ch. Weigel*, représentant des scènes historiques. Exemplaire VAN DER HELLE.

511. **Willemin** (Nicolas-Xavier). Monuments français inédits pour servir à l'histoire des Arts, et où sont représentés les costumes civils et militaires, les instruments de musique, les meubles de toutes espèces et les décorations intérieures des maisons. *Paris*, 1806 ; 2 vol. in-fol., demi-rel. dos et coins de mar. bleu, dos orné, *non rognés*. 250 fr.

300 planches sur cuivre dont la plupart ont été coloriées avec soin.

2. **Xenophontis** (viri armorum t literarum laude celeberrini), uæ extant Opera. Annotationes enrici Stephani. Editio secundo. *Anno* 1581, *excudebat Henricus Stephanus*, in-fol. — Herodoti Halicarnassei historia, sive historiarum libri IX. *Anno* 1589, *excudebat Henricus Stephanus*, in-fol. Ens. un vol. in-fol., mar. citr., dos orné, fil., tr. dor. (*Rel. anc.*). 60 fr.

Belles éditions du texte grec de ces deux auteurs.

513. **Zahn** (Guillaume). Les plus beaux ornements et les tableaux les plus remarquables de Pompéi, d'Herculanum et de Stabiæ, d'après les originaux exécutés sur les lieux. *Berlin*, 1852 ; 2 parties en un vol. gr. in-fol., demi-rel. dos et coins de mar. rouge, *non rogné*. 120 fr.

100 planches au trait ou en chromolithographie.

514. **Zeiller** (Martin). Topopgraphiæ Galliæ, sive descriplionis et delineationis famosissimorum locorum in Galliæ. *Francoforti, apud Casparum Merianum*, 1661 ; pet. in-fol., br. 12 fr.

Description de la Bretagne seule, avec 8 planches sur cuivre.

515. **Zuallardo.** Il Devotissimo viaggio di Gerusalemme fatto et descritto in sei libri dal sig^r Giovanni Zuallardo, Cavaliero del Sanctiss. Sepolcro di N. S. l'anno 1586. Aggiontovi i dissegni di varii luoghi di Terra Santa e altri paesi, intagliati da Natale Bonifacio. *Stampato in Roma, per F. Zanetti et Gia. Ruffinelli, nell' anno* 1587 ; in-4, titre gravé, port. et fig., mar. bleu, fil. à froid, tr. dor. (*Duru*). 120 fr.

Bel exemplaire de la PREMIÈRE ÉDITION d'un livre rare, illustré de figures très finement gravées sur cuivre représentant les Monuments de Jérusalem et des vues de villes du Levant.

516. **Zurlauben** (Le Baron de). Tableaux topographiques, pittoresques, physiques, historiques, moraux, politiques et littéraires de la Suisse (par le baron de Zurlauben). *Paris, Clousier*, 1780-1788 ; 4 vol. in-fol. dont 2 de planches, demi-rel. mar. vert, dos ornés (*Rel. anc.*). 175 fr.

Bel exemplaire de cet ouvrage orné d'une grande vignette contenant les portraits en médaillon de Zurlauben et de La Borde, d'un frontispice de *Moreau*, d'un faux-titre gravé avec vignette par *Lorimier*, et de 277 planches de vues, portraits, médailles et cartes dessinées par *Le Barbier*, *Châtelet*, *Bertaux* et *Perignon*.

517. **Zurlauben** et **La Borde**. Tableaux de la Suisse, ou voyage pittoresque fait dans les XIII cantons du corps helvétique, représentant les divers phénomènes que la nature y rassemble et les beautés dont l'art les a enrichis. Seconde édition. *Paris, Lamy*, 1784-1786 ; 13 vol. in-4, veau marbr., dos orné, dent., tr. dor. (*Rel. anc.*). 200 fr.

Bel exemplaire orné de 428 planches gravées en taille-douce, d'après les meilleurs artistes de la fin du XVIIIe siècle.

Le Propriétaire-Gérant : THÉOPHILE BELIN.

CHATEAUDUN. — Imprimerie de la Société Typographique (*Téléphone*).

www.ingramcontent.com/pod-product-compliance
Lightning Source LLC
La Vergne TN
LVHW010005230826
846092LV00002B/660

* 9 7 8 2 3 2 9 6 6 3 5 8 6 *